浙江省强镇扩权改革政策
实施过程、作用及成效研究

以J县Y镇为例

吴德刚 著

ZHEJIANG UNIVERSITY PRESS
浙江大学出版社

图书在版编目（CIP）数据

浙江省强镇扩权改革政策实施过程、作用及成效研究：
以 J 县 Y 镇为例 / 吴德刚著. — 杭州：浙江大学出版社，
2018.6
　　ISBN 978-7-308-18314-7

　　Ⅰ.①浙… Ⅱ.①吴… Ⅲ.①城镇—经济发展—研究
—浙江 Ⅳ.①F299.275.5

中国版本图书馆 CIP 数据核字(2018)第 122763 号

浙江省强镇扩权改革政策实施过程、作用及成效研究：以 J 县 Y 镇为例
吴德刚　著

责任编辑　金佩雯　候鉴峰
责任校对　杨利军　张培洁
封面设计　续设计
出版发行　浙江大学出版社
　　　　　（杭州市天目山路 148 号　邮政编码 310007）
　　　　　（网址：http://www.zjupress.com）
排　　版　杭州星云光电图文制作有限公司
印　　刷　虎彩印艺股份有限公司
开　　本　710mm×1000mm　1/16
印　　张　11.25
字　　数　200 千
版 印 次　2018 年 6 月第 1 版　2018 年 6 月第 1 次印刷
书　　号　ISBN 978-7-308-18314-7
定　　价　45.00 元

前　言

　　小城镇一直在我国城乡经济社会发展中发挥着重要的作用,是城市与乡村之间重要的联系纽带。在我国新型城镇化战略中,小城镇又肩负了更为重要的使命,是促进城乡一体化发展的关键环节。21世纪以来,伴随着城镇化的快速推进,一些区位条件和产业资源较好的乡镇实现了地方经济的腾飞,城镇实力迅速增强,然而与之相对应的体制机制并不完善,出现了所谓"小马拉大车"的现象。随着时间的推移,由此产生的社会、经济问题日趋严重,直接阻碍了小城镇的进一步健康发展。2000年以来,从中央到浙江省地方政府,均出台了多项试点工作,使小城镇在就业、人居环境、土地制度等方面都有了一定的突破和创新。与此同时,浙江省在县域开展的扩权改革也已经获得了较为显著的成效,这一切都为2010年底浙江省强镇扩权改革的实施奠定了相关的基础。然而,现有研究在改革政策实施途径与小城镇发展对应要素,以及政策落实的视角上还存在一定的局限性。因此,通过合适的实证案例,探讨政策的改变与小城镇发展之间的相互作用机制,清晰展现改革政策的实施途径,具有重要的理论价值和现实意义。

　　本书是在我的博士论文基础上修改完善而成的,是对我一直关注的浙江省强镇扩权改革政策对小城镇发展影响的阶段成果的初步展示。全书的组织结构基本遵循了对研究问题逐步剖析的思路,共有九章。第1章是绪论,主要阐明本书的研究背景、研究意义与目标、国内外相关研究进展、研究设计等。第2章是浙江省强镇扩权改革历程及影响要素,着重探讨了改革政策中明确的小城镇体制机制具体要素与小城镇权力结构之间的对应关系,为后续的分块研究奠定重要的基础。第3章是Y镇政府行政管理体制改革,从小城镇政府行政管理体制方面的转变来阐明"强镇扩权"改革政策对小城镇发展要素带来的影响,主要体现在政府职能、政府机构和人员编制三个方面。第4章是Y镇项目审批扩权,是关于项目审批权限的详细论述,对当前阶段项目审批扩权的数量质量、扩权意愿和扩权形式等进行评价。第5章是Y镇财政管理扩权,从体制变化、税费优惠和财政补助三个方面说明扩权实施的状况对小城镇发展要素变化的影响。第6章是Y镇土地管理扩权,分别从土地指标、土地综合整治和土地储备中心的要求内容展开论述,并探讨其对小城镇发展带来的具体影响。第7章是Y镇其他管理体制扩权,主要从户籍管理体制、就业保障体制和住房管理体制三个方面展开。第8章是对浙江省强镇扩权改革政策的总体评价。第9章是结论与展望。

本书得到了国家自然科学基金青年科学基金项目(编号:51408548)、浙江省软科学研究计划一般项目(编号:2014C35068)和浙江科技学院博士科研启动项目(编号:F701104H03)的共同资助,它们为研究的开展提供了有力的支持并创造了有效的研究延续条件。成果能顺利完成,首先要感谢我的导师王德教授,先生治学严谨、朴实谦逊,从研究选题、方法构思、解决途径到最后的成文定稿、修改完善,都一直不遗余力地指导我。整个研究过程中所有关切并给予我很大帮助的良师益友,同济大学宋小冬教授、张冠增教授、李京生教授、朱介鸣教授、朱玮副教授、钮心毅副教授,复旦大学张力教授,浙江工业大学陈前虎教授,浙江大学胡税根教授,嘉兴市城市发展研究中心甄延临博士后,目前还在Y镇工作或是已经调离的一线工作人员们,为我提供访谈素材的近百位人员等,在此对你们深表谢意!感谢浙江大学出版社科技出版中心许佳颖总编对本书出版的大力支持,感谢金佩雯、候鉴峰编辑对本书提出细致和专业的修改意见,使得研究成果能够顺利成书。最后,要感谢我的家庭,妻子和双方父母一直以来的鼓励和支持是我坚持自己的研究、毫无后顾之忧的坚实保障!

在对Y镇进行了一个阶段的研究后,除了获得针对强镇扩权改革对小城镇发展影响的一些观点以外,我还初步尝试构建了小城镇权力结构与其发展要素之间的联系,也对类似研究的方法有了一定的认识,这些成果都为我持续开展研究树立了信心。然而,鉴于研究的问题综合性较高,跨越行政、财政、土地等多学科,并且有很多内容涉及地方政府的治理实情,对核心内容的获取及分析仍然存在不少的局限性,书中错误和不当之处在所难免,诚望各位同行专家和读者朋友们不吝批评、指正。

吴德刚
2018年4月

目　录

第1章 绪 论

根据《浙江省强镇扩权改革指导意见》(浙发改城体〔2010〕1178号),强镇扩权改革的指导思想是"以科学发展观为指导,按照建设服务型政府、责任政府、法治政府的要求,以理顺权责关系、创新管理体制、增强服务能力、推进政府职能转变为目标,通过扩大中心镇经济社会管理权限的体制改革,全面激发中心镇的发展活力,进一步增强中心镇统筹协调、社会管理和公共服务能力,建立规范有序、权责明确、运作顺畅、便民高效的中心镇管理体制和运作机制"。

截至2016年末,我国建制镇数量已达到2.1万个,小城镇显然已成为我国经济社会发展中不可或缺的中坚力量。随着新型城镇化的提出,"规划起点高、途径多元化、集聚效益佳、辐射能力强、个性特征明、人本气氛浓、城镇联动紧、城乡互补好"成为新型城镇化道路最具有概括性的特点和要求,为此,我们必须努力"消除不利于城镇化发展的体制和政策障碍"(中共十六大报告),体制机制改革再次成为公众关注的热点问题而进入人们的视野。

1.1 研究背景

1.1.1 以体制机制改革为抓手的小城镇发展成为新热点

1979年9月,中共十一届四中全会通过《中共中央关于加快农业发展若干问题的决定》,指出当时的首要任务是"集中精力使目前还很落后的农业尽快得到迅速发展",在实现农业现代化部署的八项措施中,第七条明确指出"有计划地发展小城镇建设和加强城市对农村的支援。这是加快实现农业现代化,实现四个现代化,逐步缩小城乡差别、工农差别的必由之路"。这是改革开放后我国第一次提出小城镇建设的重要性。

20世纪80年代中期起,乡镇企业异军突起,为我国小城镇的新发展奠定了必要的产业和劳动力基础,这一时期的小城镇较以往有了实质性的转变。1993 年 10 月,建设部召开全国村镇建设工作会议,确定了以小城镇建设为重点的村镇建设工作方针,提出了到 20 世纪末的我国小城镇建设发展目标。

此后,小城镇发展上升为国家战略,国家在改善小城镇风貌、理顺小城镇体制、促进小城镇发展等方面进行了一系列的改革工作,并在有条件的地区开展多方面试点工作(2005 年、2008 年和 2011 年连续确定了三批全国发展改革试点小城镇)。这些努力使小城镇在投资、就业、人居环境、土地制度等方面都有了一定突破和创新,逐步找到了一些适合我国国情的小城镇发展之路。

2006 年,广东省出台了《广东省乡镇机构改革试点实施意见》,将乡镇划分为不同类型,按照乡镇的类型对其设置综合性办事机构的数量做出规定,并重新核定乡镇机关行政编制。2007 年,山东省发布了《关于统筹城乡发展加快小城镇建设的意见》,明确提出要大力推进乡镇机构改革和小城镇管理体制改革。

2010 年起,全国层面的强镇扩权试点启动,中央编办、中农办、国家发改委等六部委联合下发了《关于开展经济发达镇行政管理体制改革试点工作的通知》,决定在河北、山西、吉林、江苏等 13 个省的 25 个经济发达镇进行扩权改革试点工作。全国试点之外,多个省份也公布了相应的试点计划:江苏省宣布在全省 16 个经济比较发达的镇开展试点,山东省宣布在 10 个经济发达镇推出试点。

1.1.2 浙江省以"强县扩权"为突破的成功经验试图延伸

1.1.2.1 与国家同步的政策推进

浙江省是自然资源小省,从 2000 年加快推进城市化的政策出台后,浙江省就一直结合自身实际不断进行改革尝试,以发展改体制,以体制促发展,寻求各种体制创新的路径和方法来促进小城镇经济社会的快速发展。

2000 年 8 月,浙江省根据《中共中央国务院关于促进小城镇健康发展的若干意见》(中发〔2000〕11 号)和《中共浙江省委 浙江省人民政府关于印发〈浙江省城市化发展纲要〉的通知》(浙委〔1999〕41 号)的要求,以及《浙江省人民政府关于加快推进浙江城市化若干政策的通知》(浙政〔2000〕7 号)的精神,为了加强中心镇建设,促进城乡经济社会的协调发展,加快现代化建设进程,发布了《浙江省人民政府关于公布浙江省中心镇名单的通知》(浙政发〔2000〕198 号),确定了 136 个省级中心镇,提出加强中心镇建设的领导和规划。

2007 年 4 月,浙江省发布《浙江省人民政府关于加快推进中心镇培育工程的若干意见》（浙政发〔2007〕13 号），提出有重点地选择大约 200 个中心镇，分期分批进行全方位的培育，通过完善中心镇财政体制、实施规费优惠政策（地方留成部分向中心镇倾斜）、加大投入和用地支持力度、扩大经济社会管理权限等政策手段，建设一批集约水平高的小城市，确定了列入"十一五"中心镇培育工程的第一批 141 个省级中心镇名单。

2004 年，中央发布了《中共中央国务院关于促进农民增加收入若干政策的意见》，要求"进一步精简乡镇机构和财政供养人员，积极稳妥地调整乡镇建制"。2005 年 9 月，全国各地都在对乡镇机构进行精简、压缩、撤并的时候，浙江省绍兴县（今绍兴市柯桥区）考虑到自身乡镇经济社会发展与职能的匹配，却开始酝酿进行县级政府向乡镇下放（委托）执法权试点，被称为"逆风试验"。2006年底，绍兴县开始试点工作，探索中心镇扩权改革，从 19 个乡镇街道中选择 5 个镇开展强镇扩权试点，将县发改局、经贸局、建管局等 7 个部门在镇域内的管理职权，全部委托给镇政府直接行使。此后，同属绍兴市所辖的诸暨市、嵊州市、上虞市也先后选择了部分强镇开展试点。试点工作带来了一定的绩效，以绍兴县平水镇为例，2006 年其财政收入仅 800 万元，没有像样的公共设施，列入扩权试点镇后，到 2009 年，平水镇财政收入一跃达到 2.3 亿元，人均收入超过 1 万元，老百姓感受到了公交、医疗、环卫等各方面的变化。

2010 年 12 月，浙江省发改委、省编委办、省法制办联合出台了《浙江省强镇扩权改革指导意见》（浙发改城体〔2010〕1178 号），这是在实施"中心镇培育工程"和开展各类试点工作后，着眼新型城市化和城乡一体化发展的新趋势，适应加快转变经济发展方式、促进经济转型升级要求的又一次政策突破。就在同一年，浙江省颁布了《浙江省人民政府办公厅关于开展小城市培育试点的通知》（浙政办发〔2010〕162 号），提出在一批具有小城市形态的特大镇，开展小城市培育试点，着力破解现行管理体制等因素的制约带来的困难和问题，加快实现特大镇向小城市转型发展，促进城乡一体化发展，优化城乡空间布局，缓解大中城市发展压力，实现大中小城市协调发展，该政策明确了第一批浙江省小城市培育试点镇共有 27 个。此外，为了保障此项关于小城镇体制改革的政策顺利实施，浙江省还出台了《关于省小城市培育试点专项资金管理若干问题的通知》《关于支持小城市培育试点工作的实施意见》《2012 年全省小城市培育试点和中心镇发展改革工作要点》等一系列政策。

上述政策的出台和举措的制定环环相扣、层层推进，可以说，浙江省在 2010 年底实施的小城市培育试点工作正是融合了强镇扩权改革的中心镇培育工程的"升级版"。试点镇代表了浙江省 200 个中心镇乃至其他乡镇今后发展的趋势，试点工作也能为后续政策的制定以及小城镇建设的开展提供十分重要的经验。所有与中心镇或者小城市培育试点体制机制改革相关的文件相互联系也十分紧密,可以看作是一个"政策集中体"。这些体制机制改革以强镇扩权作为开始。

1.1.2.2 "强县扩权"改革经验借鉴

浙江省针对县域管理体制改革先后于 1992 年、1997 年和 2002 年三次出台政策,开展扩大经济强县财政、经济管理和社会事务管理的三步改革。在 2002 年的扩权改革中,浙江将 313 项原属地级市的经济管理权限下放给 17 个县(市)和萧山、余杭、鄞州 3 个区。2006 年,浙江在第四轮扩权改革中对义乌市提出"赋予与设区市同等的经济社会管理权限,推动义乌市优化机构设置和人员配置"。从当初执意坚持"省管县"的财政体制到如今的理性选择权限下放,浙江摸索着走出了一条适合市场经济发展的道路,通过体制的不断创新,浙江的县级经济在我国有了举足轻重的地位,"全国百强县"中浙江的上榜县(市)数量一直名列前茅。

在县域体制创新取得成效的同时,乡镇管理体制改革也慢慢浮出水面。龙港镇、柳市镇、钱清镇、织里镇……这些名声响亮的"百亿镇",却在为镇里的违规建房、安全生产、社会保障等问题苦恼。如何改善现有的城镇环境,以体制改革唤新的发展成为当务之急。强县扩权的试点成功为进一步深化乡镇管理制度改革提供了宝贵的经验和先例,在强县扩权过程中的一系列方法和途径都能够为下一阶段的强镇扩权带来重要的参考经验,为活跃乡镇经济社会奠定较为扎实的实践基础。

1.1.3 对小城镇发展动力机制中的政策因素需要进一步认识

小城镇发展的动力因素可分解为三个基本因素:资源、区位、政策。资源是内在动力,区位和政策是外部动力。在市场经济下,政策的作用主要是通过宏观高层次的控制来突出重点和协调差异,同时政策也摆脱了原来计划经济条件下直接作用的角色,通过外在的调控来激发市场中活动主体的活力。概括起来说,政策对于小城镇经济发展的作用体现在:影响小城镇经济发展目标的制定;影响小城镇主导产业的选择;影响外界经济活动对小城镇经济的影响;影响小城镇具体发展道路的形成(汤铭潭等,2012b)。

毋庸置疑,政策对于小城镇发展的作用已经被学界所公认,然而由于政策本身抽象的特点,其对小城镇产生影响的具体过程和环节难以体现,更多的是用模糊或者概括性的言语来表达,抑或政策与小城镇发展分属不同学科,要从一个角度来清晰描述两者结合的问题并非易事,因此相关的探讨也就戛然而止。

随着以体制机制改革为主导的政策调整不断出现在小城镇发展过程中,人们愈发地需要认清政策因素作为小城镇发展的动力的作用机制,即小城镇在传统发展过程中,当政策注入形成新的动力时,会通过怎样的作用过程及要素来改变小城镇发展的轨迹,从而给小城镇发展带来正面或是负面的影响。如果能够明晰政策与小城镇发展之间相互影响的脉络,哪怕仅仅只是一个角度,对于理解小城镇发展动力作用的状况甚至是城乡规划原理的完善和补充,无疑都将起到积极的作用。

1.2 研究意义与目标

面对"新"的社会热点问题,同时也是城乡规划专业中小城镇发展动力机制的深入探讨机遇,笔者选择了基于该项体制机制改革的研究视角。通过收集关于强镇扩权改革的文献可以发现,直接对该项改革政策进行研究的文献主要集中在 2007 年以后,由于该项改革政策涉及浙江全省层面,相关的研究更多关注宏观层面,多数学者们聚焦强镇扩权的背景或动因、措施及途径、效果和成绩等三个方面,偏重政策总体的内容理解。在预调研过程中,笔者发现,对于具体小城镇而言,该项改革政策的实施状况并非十分明确,例如政策细则、关键措施、实施效果等。为了弥补文献研究和现实状况之间的差异,完整清晰地描述目前的强镇扩权改革与小城镇发展动力结合紧密的社会现象,本书始终围绕强镇扩权改革政策和小城镇发展之间的作用过程及相互影响。

(1)强镇扩权后小城镇权力结构的变化

强镇扩权改革政策从字面上理解是经济实力较好的乡镇被赋予了一定的权力,但从《浙江省强镇扩权改革指导意见》(浙发改城体〔2010〕1178 号)中可以看出,该项改革是浙江省进一步加快省级中心镇发展的诸多改革事项中的一部分,伴随着 2010 年底一系列政策的出台,强镇扩权不仅仅是狭义的权力下放,而更多地代表了一组管理体制改革的措施,它融合了行政处罚、财政金融、户籍制度、土地管理、就业保障等多方面的内容。文件中明确了扩权的对象是省级中心镇,并且特别强调了小城市培育试点镇是改革的重点内容,要求赋予其必需的县级经济社会管理权限。

因此,强镇扩权改革政策并不仅仅意味着小城镇审批权限的增加,而是牵一发而动全身的举措,该项政策出台后会对小城镇目前的权力结构带来怎样的变化,是本书关注的焦点。

（2）扩权实施促使小城镇权力结构变化的过程和有效性

强镇扩权改革政策势必会通过若干途径及要素促使小城镇权力结构发生变化，这种作用过程由县及镇，每种途径和要素对小城镇权力结构变化的作用力度及成效也会不同，应对哪些要素会迅速改变小城镇原有权力结构，并对小城镇发展产生较大的影响，哪些要素对小城镇发展触动不大等做出大致的评价。

（3）权力结构发生变化后给小城镇发展要素带来的影响

改革政策的出台对县镇两级政府都会有一定的影响，镇级政府的敏感性更强，当政策促使乡镇发展的资源要素发生变化的时候，各种影响会立竿见影地体现出来，但是由于原有发展的惯性，政策对于小城镇发展的作用力度到底有多大，通过何种方式展现这种作用，是十分值得关注的。

此外，由于强镇扩权改革政策针对性强，在县域资源有限的条件下，同一县域范围内的"未扩权"乡镇是否也会受到该项政策的间接影响，这种影响的大小如何，又是通过何种途径进行了影响的转移，同样也是本书关注的问题。

本书希望能够将强镇扩权改革涉及的相关政策当作一个整体（这些政策都集中针对小城镇现阶段体制机制改革），考量其实施过程、作用及成效。首先通过全面梳理重点分析改革政策的来龙去脉，把握政策的实施意图及要求，其次从行政管理体制、财政体制、土地管理等方面更为全面地厘清强镇扩权对小城镇体制机制改革的具体作用过程及成效。

通过预调研和相关文献研究发现，关于强镇扩权改革政策的研究大多偏向于对政策要求的解释，侧重于对政策出台原因的探求，对于政策与小城镇发展的结合，几乎停留在政策"宏观"功能方面，强调政策作为小城镇动力机制之一的重要作用，但是涉及政策具体影响小城镇发展表现的相关研究尚不够明晰。本书试图通过深入实际的田野调查拓展已有研究，研究主要目标有：①尝试选定一种政策研究的框架，展现强镇扩权改革政策的具体实施过程，即该项政策从出台到当前针对小城镇发展的实施状况和与小城镇发展的相互作用；②在进行政策实施与小城镇发展要素匹配的基础上，对强镇扩权改革政策实施进行初步的成效评价；③通过对强镇扩权改革政策的研究，为浙江省今后相关政策的制定、完善提供一定的依据。

1.3　国内外相关研究进展

涉及"扩权"的内容从本质上来说应该不是全新的研究，根据对浙江省目前开展的强镇扩权改革的政策初衷和要求的理解，国外的"devolution"（权力下放,又称放权)含义与其最为接近,devolution 是指"政府将决策制定、财政收支及管理权限下放至当地政府,并赋予其法人地位……自身创收,自身制定投资决策"(Litvack,1997)。由于政治体制的不同,国外使用"分权"(decentralization)的情况多于我国,devolution 也包含于分权的概念中。

国内关于强镇扩权改革政策的研究多集中于 2007 年之后,主要包括改革动因、途径、成效等方面的研究。然而,与该项改革政策相关的研究还关系到小城镇发展动力机制、政策绩效、治理等方面,为了能够较准确地展示与本书关系最为直接的国内外研究,本书划定了相关研究的范围(见图 1.1)。

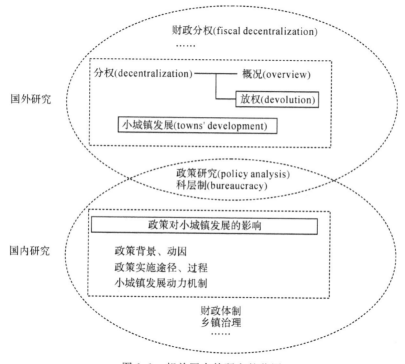

图 1.1 相关国内外研究的范围

范围的划定主要考虑到与扩权改革政策主题的相关程度:①政策对小城镇发展的影响和小城镇发展相结合的研究为最直接的相关研究(图 1.1 中实线四边形框部分);②将直接研究内容进行一次分解后涉及的内容,例如分权概况、政策动因、小城镇发展动力机制等为间接相关研究(图 1.1 中虚线四边形框部分);③除上述情况外,凡是涉及本书某些主题词的内容,例如政策研究、财政体制等为相关性较弱的研究,本书中可能会涉及该部分内容,但它们不是研究的主要方向(图 1.1 中其他部分)。

1.3.1 国外研究进展

国外最为常见的是分权方面的研究,近些年学者们关注较多的研究内容是财政分权(fiscal decentralization),这是因为如果地方政府或者私有部门想有效地实施分权各项职能,它们必须拥有足够本级支配的财政收入(Litvack,1997)。除了财政分权以外,分权还包括政治分权(political decentralization)、行政分权(administrative decentralization)等,与本书最为相关的权力下放只是行政分权的一部分,因此在此聚焦行政分权中的权力下放。

1.3.1.1 分权的概念及研究层面

分权的概念因应用领域不同而有差异,例如法律学、公共管理学、经济学等对分权都有不同的定义,本书中的分权是指中央政府或者权威重新分配、分散其职能、权力、人力或其他事物。分权思想源于西方学术思想史上柏拉图最早提出的社会分工概念,随后在国家政体创立过程中,为了确定一个较为完美的机构,三权分立的思想被广泛引入政治学话语中,亚里士多德、约翰·洛克(John Locke)、孟德斯鸠等都分别在自己的著作中阐述了分权的思想和设立过程、原则,为整个分权理论发展奠定了重要的基础。

真正开始运用分权一词是在 19 世纪 20 年代,法国历史学家、社会学家亚里克西斯·托克维尔(Alexis de Tocqueville)用"朝着分权有力的一推"(a push towards decentralization)来描述法国大革命。19 到 20 世纪,分权思想被一些反国家(anti-state)的政治活动家更加广泛地传播开来,他们甚至称自己为无政府主义者(anarchists)或者自由主义者(libertarians),他们的主张用托克维尔的话来说就是"分权不仅仅具有行政价值,同时还具有公民维度的价值,因为分权增加了民众关心公共事务的机会并且让他们习惯于运用这样的权利"。

分权的研究在世界范围的政府改革中一直比较盛行,很多人视其为解决政府问题的一种有效手段,这些问题包括经济下滑、政府无力支付公共服务或者超负荷公共服务的衰退。这种盛行从 20 世纪 80 年代开始,到 2000 年左右达到了新的高度(Malesky et al.,2013),在此期间,学者们关注的内容也从以往的顶层建筑的联邦制和税收法制设计转向更为亲民的百姓生活功能服务,例如经济发展、教育卫生等,这些内容成为新的焦点是因为多数人认为公共服务内容往往在当地政府这一层级更容易贴近百姓的生活(Grindle,2009)。

(1)宏观层面的研究

财政责任是分权活动的核心部分(Litvack,1997),其一直是理论界研究的热点之一,关于分权的文献更多地研究财政方面的分权,以 1956 年美国经济学家查尔斯·蒂波特（Charles Tiebout）发表的《地方公共支出的纯理论》（"The Pure Theory of Public Expenditure"）和美国经济学家华莱士·奥茨（Wallace Oates）的公共服务下放至最小辖区的理论为标志（吴德刚等，2013；Ghuman et al.，2013；刘刚，2013）。

有关财政分权效果经验的研究文献涉及最多的主题是财政分权与经济增长之间的关系。但是，由于财政分权和经济增长之间的关系缺乏一个正式的理论框架，研究者无法建立起一个有价值的分析模型，经验分析也尚不能提供一种确定性的结论（黄君洁，2010）。财政分权理论涉及的"效率"主要是指消费者效率（consumer efficiency）和生产者效率（producer efficiency），消费者效率是指支出政策更好地适应纳税人的偏好所带来的居民福利水平的提高，生产者效率则是指以相同数量的支出生产数量更多或质量更高的产品，或者是相同数量的产品或服务能够以更低的成本生产时所获得的额外收益（Martinez-Vazquez et al.，2002）。分权与增长之间的关系主要是通过分权对效率，也就是分权对消费者效率和生产者效率的影响体现的（Martinez-Vazquez et al.，1997）。

Stansel（2005）选择了美国 314 个都市区，比较分析了 1960—1990 年各地区的人口、收入、失业率等数据，基于分析结果，对分权促进经济发展持较为肯定的观点。类似的研究比较多，研究的层面也多集中于国家一次层级行政单位或者是跨国家之间的比较，Neyapti（2003）用 1980—1998 年 16 个国家面上的数据说明了财政分权可以降低预算赤字，而且财政分权的效果随着国家人口的增加而增加。有趣的是，Neyapti 还发现，地方选举的缺失与更为有效的财政分权具有一定的联系。财政分权在地方政府面对全球经济危机的时候同样也是一种有效的解决手段（Innocentsa，2011），地方政府层级开展与贸易相关的经济活动对于促进经济增长和缓解经济危机具有十分重要的作用。

我国作为具有很大范围财政分权的集权国家，自上而下的授权管理和均一化的政府结构有着典型的特点（Zhang，2006），成为很多学者关注的对象。与国际上一些学者得出的结论有些相反，将我国作为案例的学者似乎没有发现分权对于下级政府的经济发展有积极作用，这从 Zhang 等（1998）、Jin J 等（2005）、Cai 等（2006）、Jin（2009）的研究中都可以看到。Thornton（2007）对 19 个 OECD（经济合作与发展组织，简称经合组织）成员国 1980—2000 年的经济数据进行交叉分析，发现如果分权的措施仅仅局限于下级政府能够拥有自主的财政收入，那么这个政策对于经济发展的影响就不是很显著。类似的研究还有很多，诸多结果综合在一起，表明了财政分权对经济增长的影响并不是确定的，不仅在发达国家和发展中国家之间，单一制国家和联邦制国家之间，而且在发达国家或发展中国家内部，财政分权对经济增长的影响都是不同的（黄君洁，2010）。

(2)微观层面的研究

分权最初进入学者们的视野是因为分权作为政府行为的改革,能够将中央政府和地方政府的职责进行有效的分离,这主要是基于这样的假设:地方政府对本地区居民的消费偏好非常了解,即它能完全、确定地获知每个居民的个人偏好和边际消费替代率;反之,中央政府则不能清楚地了解地方居民的偏好,其对于地方居民边际消费替代率的了解和测度具有明显的偶然性和随机性,这样由地方政府来提供公共品时实现的社会福利将会最大化(刘刚,2013)。贴近本地居民的地方政府具有三个优势:①充分了解本地条件和需求信息;②居民会广泛参与本地决策制定和公共服务提供;③居民对本地官员选举具有更大的责任心(Channa et al. ,2016)。以上分析成了分权促进资源配置关系、提高生产率和消费效率的重要理论支撑,形成了学者们对分权尤其是财政分权的集中关注,同时关于效率的讨论也成了对于分权其他方面的研究的出发点和基础。

近年来,国外有学者从更宽泛的研究视角来分析分权对政府政策革新、发展竞争、工作腐败等社会问题的影响。Fan 等(2009)在自己的研究中采用了两组新的数据源,一组是与分权相关的国家层面的数据,另外一组是 80 个国家在公司层面的具体贿赂经历的数据。通过分析,他们认为政府结构越复杂,权力寻租的可能性越大,因此地方政府规模越大,产生贿赂的可能性也就越大。学者们也在寻求这种问题的解决途径,Lessmann 等(2010)认为,避免贿赂产生很重要的是需要有监督官员行为的有效方法——新闻自由(a free press),他们通过分析得出,高度的新闻自由能够有效地对分权中的腐败行为产生抵制作用。此外,对于分权导向带来的政策创新,学者们的意见较为一致,基本都认为集权往往会带来很多政策实践,而分权后的政策创新则往往不如集权,尽管这是令人难以理解的一种结论,但是学者们提醒人们不要忽略了学习的外部性效应(a learning externality),也就是成功的政策实践往往给所有政府提供了有用的信息。但是这种结论的成立也有一定的条件:如果地方政府相对均质或者数量较多,集权状态下会有更多的政策创新,但如果有多个实践的政策可以选择,分权状态下则会有更多的政策创新(Strumpf,2000;Cai et al. ,2009)。

1.3.1.2 权力下放

权力下放是分权概念中行政分权的第三种类型,其他两种类型分别是权力分散(deconcentration)和权力委托(delegation)。从行政管理的角度看,权力分散是分权中最弱的形式,仅仅是中央政府部门一些职责的转移,创造了一种现场管理模式,或者是在上级政府部门监督下的当地行政管理模式。权力下放的分权最为彻底,是要求上级政府在将决策制定权转移至下级政府的同时,连同财政收支、法人地位一并赋予,下级政府成为相对独立、自负盈亏的组织。浙江省强镇扩权改革的初衷和方向与权力下放更为贴近。

权力下放与联邦制又不同,主要是被下放的权力可能是暂时放于地方政府的,中央政府或者上级政府最终具有对权力的永久支配权,而联邦制成员是单独享有主权的政治实体,虽然成员在加入联邦制后不再有完全独立的主权,但是在联邦宪法规定的范围内,成员具有自己的宪法和法律,具有一定管理内部事务的权力,实行的是中央政府和地方政府分权的管理。

权力下放研究主要以联邦制和单一制的国家为案例,论述下放的过程是如何开展的,此外也有学者通过具体的案例分析权力下放的效果。

(1)权力下放过程曲折和间断

澳大利亚首都直辖区直到 1979 年才开始有限地获得自治权力,1988 年才被赋予更多权力组建议会,而在 1998 年北部区域公投时,当地仍然拒绝独立成州;法国 20 世纪 80 年代开始由政府主推地方分权,同时带动地方政府对公共服务的分担,目前地方政府承担了约 19% 的政府全部支出;西班牙 1978 年开始实行地方分权,似乎十分顺利和卓有成效,目前中央政府仅承担 18% 的公共支出,其余的基本都由地方政府和当地其他部门承担。

英国的君主立宪制的分权具有一定的制衡特点,这体现在了英国中央政府和地方政府之间的关系上,尽管实行地方自治,却只是极为有限和狭窄的分权(陈根发,2009)。英国 1997 年开始将权力下放给威尔士、苏格兰、北爱尔兰,但是诸如法律、国家安全、经济、外交、能源等一些权力并未下放,在实施过程中,工会、企业代表、村庄等要制定相应措施仍然会受到阻碍(Pearce et al.,2005;O'Brien et al.,2004;Wood et al.,2005)。法国自 1982 年开始进行地方分权改革,这次分权伴随着行政权力、行政职责的下移,以及地方政府机构改革和财政资源的转移,可以说这次地方分权改革迎合了当时较好的经济形势,并且具有不可逆转的趋势。虽然法国的分权改革出现过停滞,可由于历任总理的坚持,其改革能够一直延续下来,并通过 2003 年的宪法修正案予以巩固和保证,因此与英国的地方分权不同,法国在地方分权的道路上走得更加持久、更为坚定(吴德刚等,2013)。通过对美国儿童健康、医疗补助、学校改革方面变化的调查,Tannenwald(2001)表明了尽管权力下放进程(devolution evolution)在美国处于逐步推进当中,但改革总体上仍然处于搁置状态。

(2)权力下放效果表现模糊和缓慢

Ghuman 等(2013)分析了 32 个亚洲国家的权力下放情况和公共服务的关系,其中 13 个案例表明权力下放对公共服务是有利的,11 个表明是不利的,另外 8 个有相互交叉的结论。2010 年 12 月,日本为了通过权力下放来刺激经济发展,在第二大经济区域——大阪及其附近区域城市建立了一个联盟性的区域政府,然而在该政策实施之前就已经有城市退出了这样的机构。Tsukamoto(2011)认为,机构内部出现了担忧,地区主义出现了系统性的政治和经济偏见,城市经济和政府治理在权力下放后出现了出乎意料的不明确和混乱。在研究威尔士和英格兰东北部区域吸引外国直接投资的时候,MacKinnon 等(2001)意识到了权力下放可能产生的恶性竞争,最终建议为了共同获得投资的机会,最好的方法是实现区域间合作(inter-regional collaboration)的平衡。

权力下放的文献中涉及其对小城镇发展影响的案例很少。Insa-Ciriza(2012)对比了分别在集权和分权国家的两个小城镇——西班牙马德里的特雷斯坎托斯(Tres Cantos)和美国得克萨斯的伍德兰兹(Woodlands)的建设和发展,发现两者由于建设主体的不同(政府主导和私人主导),服务主要内容、资金获得及使用都会有所不同,但两者间并没有哪一方更具有优越性。美国的小城镇是从县或市中逐步分离出来的,与原来的县或市平行地存在,相互之间没有行政隶属关系,只有州是其最为直接的上级政府。因此在美国,哪些事由小城镇来处理有明确的分权,在不违背州的发展规划的前提下可以自订宪章,同时小城镇可以创造和开辟税源,主要依靠地方财产税,州则依靠消费税,小城镇依据这种分税制将本级政府行为重点往发展规划和项目建设方面倾斜,政府开支则主要用于社区治安、消防、行政、公用事业和社区发展,其中警察和消防开支比重很大(孙晓文,2001)。

1.3.2 国内研究进展

国内关于强镇扩权方面的研究是伴随着改革政策的出台而出现的,随着物质生产发展的放缓,乡镇政治体制改革似乎成为促进地方经济发展的新抓手,于是学者们对于这项改革政策的关注度迅速高涨起来。作为小城镇发展的动力机制之一,政策/制度改革是不可或缺的因素(陈燕燕,2011;孟秀红,2007;吴胜隆,2006;李五四等,2003),政策因素是小城镇发展的重要外部动力,影响小城镇经济发展目标、战略乃至主导产业的选择(汤铭潭等,2012a)。张雅帅(2009)提出改革小城镇户籍政策、土地政策、投融资政策和就业与社会保障政策,以减少小城镇发展的束缚。从这些分析中可以看出,推动小城镇的发展正是改革政策出台必要性的一个重要方面,对改革政策的研究也势必会以小城镇发展的动力机制为出发点。

连德宏(2007)以长三角为研究区域,在简要分析了长三角小城镇的发展特点及负面影响的基础上,提出经济是小城镇发展的主要推动力量,资源、区位、政策等因素对经济有重要的影响。朱珊(2005)认为,政策环境调整是浙江省小城镇发展的调控机制,行政区划调整优化了乡镇资源配置,使经济出现新的升级,配套制度改革带动了例如温州市小城镇整体水平的提高。体制创新及政策改革一直是推动小城镇发展的重要措施,很多以问题为导向的研究最终都将解决手段归结于此,谈到规划的对策也就在某种意义上暗含了一种制度性的对策,因为城市规划是一种存在于制度环境中的集体政治行为,在某种程度上,城市规划是一种政治参与和体制变革的作用过程(杨帆,2003)。支持小城镇发展是带动农村经济和社会发展的一个大战略,在近些年国家对小城镇加大支持力度的同时,小城镇也遇到了前所未有的问题:行政区划升级困难、基础设施建设投融资机制不完善(缪丽华等,2006)、郊区化无序蔓延、农业要素结构不匹配(陈前虎等,2012)、土地利用要素不合理(陈晓均,2001)……这些问题集中起来说明我国小城镇发展水平仍然需要提高,同时说明管理小城镇需要强有力的法制规范和规划指导(尚鸿雁等,2004)。适当地"分权"会更有利于提供满足地方偏好的公共物品,有利于"企业化"政府思想的确立,同时,政府权力向地方、市场和社会的适当转移有利于建立良性的地方治理机制,也有利于地方政府更有效地调动经济和社会资源(杨帆,2003)。

学者们真正开始关注小城镇"分权"概念主要是在强镇扩权改革政策出台后,而相关的研究早在 2000 年广东省出台《中共广东省委 广东省人民政府关于推进小城镇健康发展的意见》时就已开展。2007 年,浙江省颁布《浙江省人民政府关于加快推进中心镇培育工程的若干意见》,吉林、河北、四川等省也相继推进改革,此后,以强镇扩权为主题的研究大量出现。张新辉(2008)立足于广东省中心镇强镇扩权改革实践,以白土镇为例,认为扩权改革中垂直部门扩权定位模糊、下放权力悬空、中心镇多层共管隐忧初显等问题逐步出现,提出实施中心镇"市管镇"体制。2010 年,江苏省也选择了 20 个镇开展强镇扩权改革试点,目标是通过 2 年左右的努力,推动一批有条件的经济发达镇逐步发展成为人口集聚、产业集群、结构合理、体制创新、环境友好、社会和谐的现代新型小城市,与现有大中小城市形成分工有序、优势互补的空间格局。在措施强化和保障方面,扩大事权、增强财力、理顺管理体制、完善创新机制等也都是学者们常提出的方法和手段,罗英(2010)在广东省佛山市狮山镇的具体案例研究中对上述措施也着重进行了关注。

由于浙江省开展强镇扩权改革力度更为显著,推进措施更为果断,似乎也有一些绩效,国内关于强镇改革的研究更多地是以浙江省出台政策或者案例为研究对象,相关文献也更多地以浙江省为研究范围。已有的关于浙江省强镇扩权改革方面的研究大致可以分为改革动因、改革途径和改革成效三个方向。

1.3.2.1 改革动因

(1)权力配置

姚莉(2008,2009)认为,我国乡镇政府事权财权配置不匹配,各级政府间事权划分不清,政府与市场、社会职能不分,浙江当前进行的强镇扩权改革是提升乡镇政府社会治理能力的可选路径,并能够明确乡镇政府的事权范围,相对理顺了财权与事权的关系,是我国乡镇改革的趋势。王雄杰(2010)提出,小城镇政府体制改革的出发点在于合理调整县镇关系、统筹城乡发展,内在动力在于增强小城镇政府权能,转变小城镇政府职能,推进小城镇城市化进程,增强小城镇的适应性和发展活力,实现小城镇的职能纠偏,可以"变镇为市",使县、镇两级政府的权能关系更加合理,并增强小城镇政府管理体制的弹性,提高其对社会经济发展的容纳和引导能力。范方志等(2007)利用契约理论的分析框架,揭示了政府间纵向分权的契约性质,政府间依赖性的降低为政府间交易性契约关系的明晰化提供了便利,因此"省管县"这种政府间契约关系在浙江得以维系和发展,强县扩权、强镇扩权这样的分权化改革首先在浙江发起,并取得了成功。潘丽娜(2010)以浙江省绍兴县钱清镇为例,探讨我国中心镇规范权力运行的新模式,通过中心镇权力运行轨迹的调查,试图研究在中心镇扩权过程中同步实现权力的规范运行,建立基层政权适度有为的边界,遏制公共权力尤其是权力的无序扩张,保障基层政权的稳固和扎实。马斌(2008)提出,优化省、市、县政府间关系必须从根本上调整权力在上下级政府间、政府与市场、政府与社会之间的配置,构建多中心治理的格局,在政府间治理结构中更多地嵌入合作、沟通、协商机制,形成府际治理,改变命令—控制的单一行政模式,实现地方治理。

(2)发展镇域经济、提升公共服务

扩权改革关键是强化县级政府和乡镇政府的公共服务职能,重要的是使有限的公共资源在省、市、县、乡政府之间实现优化配置,提高政府的社会管理和公共服务能力,使其更直接、高效地为企业和百姓提供服务,实现地方公共服务的多元化供给(吴兴智,2010)。许经勇(2007)认为,县域经济作为国民经济的基本单元,其发展程度反映了一个省总体经济发展水平,我国现行的"市管县"体制越来越束缚着县域经济的发展,遵循我国渐进式改革的运行轨迹,客观上要走扩权强县、扩权强镇的道路。徐小玲(2010)提出,扩权改革对于县域经济的发展具有很明显的促进作用,有必要进一步深化改革。对于浙江小城镇而言,经过几十年的建设和发展,在市场化改革不断深化、经济结构基本转型、小城镇经济高速发展、城镇规模迅速壮大的情况下,现行的小城镇行政管理体制的弹性越来越低,容纳社会变迁的能力越来越弱,已经难以适应民营经济发达、产业集群特色鲜明的小城镇社会经济发展的需要(陈剩勇等,2007),主要表现为:①日益扩大的经济总量和市场化程度与经济性公共服务供给不足的矛盾;②不断增加的外来人口和社会矛盾与社会性公共服务供给不足的矛盾;③日益强烈的制度创新要求与制度性公共服务供给不足的矛盾(张红日,2009)。强镇扩权改革不仅出于适应经济发展和社会管理的需要,也是浙江省经济结构特性所决定的(傅白水,2007),浙江以块为主的经济发展模式的成功意味着县域经济和镇域经济的相对重要性和相对独立性会不断得到加强(范方志等,2007)。

1.3.2.2 改革途径

推进以强镇扩权为突破口的中心镇培育发展和转型升级,能够进一步促进城市基础设施向农村延伸、公共服务向农村覆盖、城市文明向农村辐射,实现这个突破口的途径包括加强领导和协调、扩大扩权镇范围、加大政策扶持力度、完善工作平台、优化人员结构等(徐进科,2011)。庄财康(2010)以温州龙港镇为例,提出东部沿海发达地区乡镇的发展方向为建立"镇级市",但名称也仅仅是个说法,发展小城镇关键看其功能是否适应实际的发展需要。罗新阳(2010)提出,进一步推进扩权改革必须从根本上调整权力配置,合理划分层级政府权限,切实转变政府职能,逐步形成行为规范、运转协调、公正透明、廉洁高效的行政管理体制和运行机制;建立县镇联动机制,推进农村综合改革;推动中心镇政府从"管理型"向"公共服务型"转变;实现中心镇定岗定编法制化;提高授权效能与强化用权监管相结合;健全政绩考核制度和规划建设用地制度;加强专业培训,提高政府能力。逯萍(2010)认为,应通过深化公共财政制度改革,建立并完善相应的监督体系,发展非政府组织性质的农村经济合作组织,加大公共服务均等化等途径增强乡镇发展活力,实现乡镇政府权责对接。王勤芳(2008)提出,强镇扩权是建立服务型政府的有效途径,重点从突破行政体制障碍、创新乡镇财政体制和改革乡镇考核体制三个方面进行职能转型,从而构建服务型乡镇政府。孙嘉江(2009)提出,镇域扩权的重心应该由强镇向弱镇转移,并以农业现代化作为弱镇扩权(扩权强镇)的核心策略。

1.3.2.3 改革成效

从行政体制改革特别是从行政区划体制创新的角度看,浙江省强镇扩权举措将大大促进中心镇的发展,并为我国县、乡镇关系改革做出有益的探索,这在客观上为推进我国行政区划体制的改革打下基础,有利于推进经济发达地区的新农村建设,有利于解决乡镇管理中的问题,增强乡镇的城镇公共服务职能,推进城镇差别管理,有利于推进地方自治发展与公民社会构建(史卫东等,2009)。魏涛(2008)认为,通过强镇扩权,随着更多县级政府权力的下放,更多的社会管理职能由乡镇政府承担起来,于是乡镇政府角色从原来的被动执行变为主动服务,这种角色的转换将极大地提高政府的应对能力,尽管这一改革模式也会带来一些新问题,但它能够为今后的乡镇改革提供一个极有价值的参考。陈剩勇等(2007)提出,这一改革给沿海经济发达地区小城镇的发展注入了新的活力,县镇关系上,增强了小城镇政府的权能,转变了政府职能,提高了小城镇政府的适应性;社会经济上,提高了小城镇经济发展的活力,推进了社会主义新农村建设。张新辉(2008)认为,要跳出"县—镇"关系模式,改革行政领导体制,实施中心镇"市管镇"体制,以更好助推中心镇的改革、建设与城市化进程。也有学者对于强镇扩权有一定的担忧,认为改革政策会打破县(市)和强镇利益的平衡,在为经济发展保驾护航的同时也可能滋生腐败,也有可能导致乡镇行政编制的无序扩张,镇与县城的对抗力也会增加(徐剑锋,2007)。如果仅仅是权力在体制内部的重新分配,将更大的行政审批、财政收支主导权下放至县级、镇级政府及其属下的部门、机构,最后的结果恐怕是很悲惨的,甚至不排除在改革实行一段时间后,因为后果太过恶劣,不能不反转过来,弱化村、镇、县权,因此新一轮的"扩权"改革,必须是张扬、保障公民权利的改革,强化民主政治建设,保证法律赋予公民的权利落于实处(许斌,2011)。

1.3.3 国内外研究交叉

抛开直接论述强镇扩权政策的相关内容,该项改革可以视为在"省—县—镇"层级状政府结构中关于地方治理的一种手段,由于其自身政策性的特点,在这方面的研究中可以借鉴关于政策研究的方法。

1.3.3.1 科层制和政府治理

科层制(bureaucracy)又称"官僚制",它是一种非选举制的政府官员组织或者是一种行政决策制定组织,从历史上看,科层制主要是指由非选举的部门官员组成的政府行政机构,现在更多地指任何管理大型机构形成的行政管理系统(Howard,2012;Dwyer,2009;Martin,2010)。科层制必须遵循一套特定的规则与程序,有明确的权威登记,权责自上而下传递。马克斯·韦伯(Max Weber)首先提出了建立统治需要一个合法性的基础,接着他明确了合法统治的三种纯粹类型(法理、传统和魅力型),和我们当今社会统治结构较为吻合的是法理性质的统治,进一步,韦伯认为,建立在法律权威基础上的合法统治的最纯粹类型就是借助科层制的行政管理班子进行的统治,行政管理班子的整体由单个的官员组成,官员们必须遵守一定的基本原则。

科层制具有明显的优点:上下级之间的关系通过指挥和命令贯彻;工作方面和人员的权责都有明确的规定,不会发生各自为政或事权不清的弊端;机关办事可破除情面以消除营私舞弊;人员的选用都依专长和能力而定,可以使工作效率提升并且使机关的业务达到高度专业化;良好的待遇和工作保障可使工作人员的工作绩效提升。然而,科层制也会过分强调机械性的正式组织层面而忽略组织动态面,层级制度会削弱上级对隔层下级的影响力,"永业化"使人员丧失斗志,升迁按资排辈,人员容易忽略服务对象的利益。

我国的省、市、县地方政府间关系体现了科层制的基本特征,具体的制度设计和治理机制主要可以分为省、市、县政府间的财政管理体制、干部管理体制、项目审批制度……(马斌,2009),为了实现理性设计的秩序和完美,科层制强调首要任务就是严格服从上级命令、高效地执行和完成上级下达的命令和任务(张丙宣,2011)。韦伯认为,建立在法理权威基础上的科层制中的官员,严格受到上级的控制,执行上级的命令是他不可推卸的责任和义务,因为薪金或其他报偿通过权力的分配强化了科层制原有体制,这也使下级对上级的服从在现代官员的纪律中得到最极致的发展。

治理(governance)一词在 20 世纪 90 年代由经济和政治学家通过联合国(UN)、国际货币基金组织(IMF)、世界银行(World Bank)等机构传播开来。政治学中关于地方政府治理的概念体系复杂多样,地方治理(local governance)、社区治理(community governance)、分权治理(decentralized governance)、民主治理(local democratic governance)等,都是诸多学者提出的关于地方政府治理的概念。孙柏瑛(2004)综合多角度思考,提出地方政府治理的核心内涵即是在一定的贴近公民生活的多层次复合的地理空间内,依托于政府组织、民营组织、社会组织和民间的公民组织等各种组织的网络体系,共同完成和实现公共服务和社会事务管理的过程,以达成以公民发展为中心的、面向公民需要服务的、积极回应环境变化的、使地方富有发展活力的新型社会管理体系。"公共服务"和"非政府组织"是地方政府治理概念的核心。由于地方政府更加了解地方民众的需求及相关信息,地方政府的有效管理不仅可以节约管理成本、提高管理效率,而且有助于调动地方政府的积极性,增强地方政府对民众服务的责任感,制定更为准确的政策,提供更具有针对性的公共物品和公共服务,这也是对地方政府治理的体制安排提出的更高要求。

我国的地方政府治理与西方国家的有着政治制度上的不同,政治制度体现了国家的根本利益和价值取向,并具有强大的约束力和强制力。中央政府制定的制度框架决定了地方政府治理的空间和内容。在我国,各级地方政府除自主负责本地区的事务外,还要执行中央等各级政府下达的指令性任务,下级政府责任和压力较大。我国政府间的体制关系可能使地方政府很难在治理的自主性和创新性方面有所突破。我国当前政府的科层制结构和自身的特性,可能会对下级政府尤其是乡镇一级政府的治理积极性有负面影响。我国的政治体制和制度结构决定了我国地方治理的研究不应像西方的那样重点关注"无政府治理"和多中心治理,要解决上述问题,更应该研究政府间分权与公共权力配置问题(马斌,2009)。

1.3.3.2 政策研究

政策通常被称为公共政策,是社会公共权威机构在特定情境中,为达到一定目标而制定的行动方案或行动准则(谢明,2010)。政策科学与分析产生于20世纪50年代,以丹尼尔·勒纳(Daniel Lerner)和哈罗德·拉斯韦尔(Harold Lasswell)的《政策科学:研究范畴和方法的最新发展》一书的出版为标志(王达梅等,2009)。有关公共政策的研究,无论在政治学还是行政管理学方面,都已经具备了相对系统的研究方法,针对性运用这些方法可以有效地帮助关于公共政策方面研究的顺利开展。

李钢等(2007)主要提出了将内容分析法(content analysis)作为政策分析方法的主干,该方法专指对文献内容进行系统的定量与定性相结合的语言分析方法,目的是分析清楚或测度出文献中有关主题的本质性的事实及其关联事物的发展趋势。江渝(2011)通过政策分析模型描述建立了一系列技术工具,包括层次分析法、数据包络分析法、模糊综合评判法和灰色评价法,当然,他也不回避政策分析的社会学方法即案例研究,详细描述了个案观察、个案访谈和个案问卷的具体方法。威廉·邓恩(William Dunn)更为全面地确定了政策分析领域的五种分析方法(Dunn,2011),这些程序已经被赋予了特有的名称,即监测(monitoring)、预见(forecasting)、评估(evaluation)、建议(recommendation)和问题构建(problem structuring)。

公共政策的评估因为更多地涉及政策实施的效果而受到人们更多的关注,学者们对于评估方法的研究则比较接近。李允杰等(2008)提出了定量和定性两大类政策影响评估的方法,定量研究方法包括真实验设计、准实验设计、回归分析、反身控制等,定性研究方法包括自然调查、归纳分析、直接个人接触、全体论观点、动态发展性观点等,同时他也提出指标法也是政策评估较为有效的方法,但是他们指出这些方法适用的先决条件有两个:①欲评估的方案必须具备清晰且可测量的目标,评估者必须建立一套合理的目标;②该方案必须已经实施一段时间,且关键要素已传达到作用的团体。谢明(2010,2013)、王达梅等(2009)、帕顿等(2002)、斯图尔特等(2011)也都对公共政策评估方法进行了分类和描述:前后对比法、社会指标评价法、成本-效益分析法、实验模型法……对于某项公共政策的评估,往往并不需要用到所有上述的评估方法,而只需要采用一种或两种适合该项政策的选择,也就是选用评估方法时要综合考虑政策发起的目的、评估的主要内容、获得数据的难易程度等多方面因素,即以评估目的为导向的评估方法选择才能更加有效(见表1.1)。

表1.1 公共政策研究评估方法比较

评估方法		主要内容	优点	缺点
前后对比法	前后对比分析	用研究对象在接受政策作用后可以衡量出的值减去作用前衡量出的值,得到的结果即为政策效果	简单、方便、明了	不够精确,无法将政策与其他因素的效果明确区分
	投射—实施后对比分析	将政策实施前的趋向线投射到政策执行后的某一时间点上,然后与政策真的执行后的实际情况进行对比	考虑了非政策因素的影响,结果更加精确	收集的政策执行前的资料数据要翔实,从而更合理地推测趋向线
	有—无对比分析	在政策执行前和执行后两个时间点上,分别对有政策和无政策两种情况进行前后对比,以确定政策效果	排除了非政策因素的作用,较精确地测度了一项政策的效果	—
实验法	真实验设计	排除所有外在干扰因素,通过实验组与控制组的对照,掌握两组接受政策方案的差异	几乎发挥了政策的最大效用,政策效果直观、明显、精确	实验要求条件苛刻,不适用于初步发展方案,实验规模不宜过大
	准实验设计	有实验组和控制组,但可以用非随机化的方式来建构控制组	适用于无法以随机化方式选择控制组的政策	—
	回归分析	政策方案是自变项,将政策执行后的影响视为因变项,进行线性或多元回归分析	可以大致判定某些因变项影响作用的具体情况	要准确考虑自变项的合理性与逻辑性,量化过程较为复杂
影子控制法	专家评估	组织有关专家审定各项有关政策记录,进行实地考察、调查等,最终鉴定政策成效	专家知识专业化强且属于外来人,对政策评估比较客观公正	专家选择有一定难度,容易依赖现有资料
	执行群体评估	政策执行人员对政策影响和目标实现程度进行评估	执行人员了解政策,对政策评估最有发言权	难以进行自我评估且缺乏评估技术,容易隐瞒政策的不利因素
	目标群体评估	以自己的亲身感受和对政策的个人理解来评定政策执行效果,借助满意度来表示	多角度考虑政策需要关注的因素	主观性较强
成本—效益分析法		实现目标的政策方案效果上和费用上各不相同,通过效用分析找出给定效果消耗最低的方案	综合性强,效果显而易见,容易对政策进行选择	实际操作困难,参数不确定,无法完全弄清成本与效益
响应性评估法		重视政策利害关系人的响应,在建构利害关系人的要求、关注与议题过程中能够产生共识	定性研究获得定量研究无法描述的一些信息点	工作量较大,在欠缺共识的时候容易产生妥协

最为典型的案例是英格拉姆等(2011)关于美国精明增长(smart growth)政策评估的报告,该报告重点关注政策是否达成 5 个目标:促进紧凑发展(城市发展模式)、保护自然资源和环境质量、交通多元化发展、可支付住房、积极财政。考虑到指标的有效性、可得性和可靠性,他们将 5 个目标破解为 52 个指标,例如促进紧凑发展分为规模、土地利用、集中化、城市化、中心化,再详细细分,如土地利用包括土地利用比重变化、分类土地利用、人均土地开发量、边际人均土地开发量 4 个具体指标(隶属 52 个指标)。政策研究选取了美国的 8 个州,其中 4 个实施了精明增长政策,4 个尚未实施政策,实施与未实施的州进行两两配对,就前面 5 个目标进行对比分析,从描述统计到固定效应的回归分析,对 8 个州进行整体比较。书的每个章节就每个目标进行常规数据方面的说明和分析,通过数据表现和相关性分析说明政策是否产生了积极影响。

1.3.4 小 结

国外关于分权方面研究的文献大致表现出三方面特点:①分权概念尚未完全清晰化,多数学者将分权几乎等同于财政分权,突出了财政分权的重要性,但也有学者将政治分权专门表达出来(Fan et al.,2009;Cai et al.,2009);②学者们着重关注中央政府与地方政府之间,或者是国家之间的分权影响,数据和研究对象都属于相对宏观的层面;③关于分权对于国家或者地方政府经济发展的影响,由于财政分权、中间变量与经济增长之间的关系并不确定,无法直接得出财政分权是否可以促进或抑制经济增长的结论(黄君洁,2010),但对于分权方面的研究并不会因为这样的困难而停滞,东亚的一些国家甚至表现出了对于分权研究的更大热情(Ramesh,2013)。涉及分权概念中行政分权的权力下放类型,国外研究更多地探讨了联邦制和单一制国家的权力下放过程,这些过程无疑都表现出了曲折和间断,这也反映出了中央政府和地方政府之间对于权力的博弈关系。学者们采用了多种方法研究权力下放的效果,收集的数据也十分广泛和全面,很多研究成果却表示这些绩效并不明确。

国内目前关于权力下放对于小城镇发展影响的文献主题更为直接。作为小城镇发展重要的动力机制之一,学者们早已意识到政策创新对小城镇发展的推动作用,并对政策可以改革的方向及内容进行了分析和梳理,包括户籍政策、土地政策、投融资政策等(张雅帅,2009)。对于强镇扩权改革政策,学者们纷纷从改革动因、途径、成效等方面开展研究,对这一激发小城镇发展活力的"新"现象进行剖析,希望能为后续的小城镇体制机制改革提供更为有效的经验。总体上看,国内研究呈现两个显著特点:①研究视角侧重于自上而下对政策的理解,对政策的发生发展进行了一定的研究,突出了该项政策的积极效应,同时也强调了需要避免的政策执行过程中可能出现的权力监管、权力规范和推进认识等方面问题(刘超,2013;陈国申等,2014;常文杰等,2010);②一些学者对于强镇扩权的理论渊源进行了一定的探讨,从科层制、地方治理、地方政府学等角度提出自己对改革政策的发展及合理化的观点(张丙宣,2007;马斌,2008;吴爱明,2009)。

对于权力下放这一国内外都予以关注的研究课题,学者们都意识到了对其认识的必要性,尤其关注这种现象背后的理论探讨,不约而同地提到了"科层制"和"地方治理"等概念。科层制解释了当前单一制和联邦制国家的国家政体中都存在具有严格等级制和权威制的行政体系,这使得国家在顺利推进政令实施的同时造成了资源上移、责任下推的现象。然而,地方治理强调只有贴近民众的地方政府才能提供地方需求强烈的各种公共服务,在我国目前的多级政府体系中,镇级政府是最需要被关注的焦点,应该更多地被予以资源倾斜。两者之间的矛盾成了政策制定的初衷,上级政府希望能够通过政策创新来缓和制度设计与服务实施之间的矛盾。国内外各种政策研究方法为本书提供了技术方法的保障,使得研究能够顺利开展。

在对国内外相关文献进行梳理的同时,笔者发现针对当前开展的强镇扩权改革的研究在研究视角、研究方法和研究内容方面都需要进一步加强。①研究视角上,需要提供一些"自下而上"把握政策绩效的实际案例。对于政策实施的效果,已有研究成果多数给予了定性的宏观确认,也明确了政策对于小城镇发展会起到一定的作用,但尚缺少可以直接参考的描述绩效真正作用的实际案例。②研究方法上,需要增加一些"质性研究"的技术及方法来寻找更多的常理外观点。已有的政策研究通常采用层次分析、灰色评价、问卷调研等方法,而对于政策在实施过程中的非量化属性,应该引入质性研究的技术和方法例如对访谈内容的运用,对一些观点进行多方访谈内容的佐证,从而使研究成果更为可靠和全面。③研究内容上,需要关注一些将改革政策与小城镇发展联系起来的"作用要素"的研究。改革政策在小城镇实施后,必然会通过各种作用要素的变化体现出实施效果,这些作用要素的变化又会对小城镇的发展产生一定的影响,因此作用要素成为改革政策和小城镇发展之间联系的桥梁。细化和明确作用要素的类型及内容,能够为这类研究提供一种衡量途径和方式,也能够使研究成果更为直观地体现出来。

1.4　研究设计

本书主要聚焦强镇扩权改革政策对小城镇发展的影响,政策实施后会影响多种具体要素,因此在研究设计中笔者考虑了"总体状况—具体要素—总体评价"的思路,具体要素分析构成本书主体内容,开展整体研究时重点考虑两个方面。

(1)通过典型案例的变化来说明改革政策对小城镇发展带来的影响。要对强镇扩权改革政策进行明确直观的描述,可以通过小城镇发展的具体变化展现其具体成效。完成该研究的途径主要为预调研和通过小城镇比较最终选择具体的小城镇个案进行驻镇调研,为期一年,全面体会和理解改革政策对小城镇产生的影响,包括确定政策影响小城镇发展的具体要素。

(2)对强镇扩权改革政策具体涉及面的确定。对于改革政策开展绩效的论述,不能仅仅从宏观层面的总体成效进行说明,更重要的是要找到改革政策涉及的内容与小城镇发展要素之间的联系,从而能够明确改革政策的真实影响途径。

对于研究时间范围的界定,以笔者在浙江省 J 县 Y 镇挂职的一年为重要时间段。此外,由于强镇扩权改革于 2010 年底在浙江省开始实施,县市实施细则于次年制定,考虑到政策实施前后的对比,本书研究进行的时间为 2011 年至2013 年年中,今后的研究还将随着时间推移继续深入和拓展。

1.4.1　研究方法

本书侧重于对社会经验的挖掘,田野调查(驻镇跟踪)法是极为重要的研究方法。同时,笔者在选择研究对象时强调个案的重要性,从个案研究中又不断拓展与其他案例的统计比较,并结合科层组织和新经济制度学等理论,使研究跳出个案本身,具备一定推广性和代表性。

(1)田野调查(驻镇跟踪)法

田野调查法是由英国功能学派的代表人物布罗尼斯拉夫·马林诺夫斯基(Bronislaw Malinowski)奠定的。我国在这方面卓有成绩的是著名社会学家费孝通先生,其最重要的研究手段之一就是参与观察,它要求调查者与被调查对象共同生活一段时间,从而观察、了解和认识他们的社会与文化。针对强镇扩权改革政策的研究,尤其是对政策绩效的探讨,通过田野调查能够与政策实施对象有一段时间的实地接触,并在具体的工作中体会到政策带来的变化和影响,如实地将政策实际成效反映出来,此外,田野调查也有助于使抽象的改革政策通过多数人的理解归纳成为更加准确和具体的影响要素。

在对 Y 镇进行长达 1 年的实地体验的基础上,笔者通过对强镇扩权改革涉及的多位相关人员包括领导干部、部门职员、企业员工、镇内居民等进行了 60 余次深入访谈和上百次的简单交流,收集和整理了访谈记录。访谈资料的收集十分重要,在访谈设计过程中主要考虑到以下因素。①访谈对象的背景要多样化,要考虑到改革政策可能涉及的各个环节的人员,并对人员进行一定的分类选择,比如选择省、市、县发改部门相关人员,县、镇具体经办人员,镇内企业员工、本地居民、镇退休老干部、县域其他乡镇领导或工作人员等。②访谈过程要从悬置(epoche)到有针对性。访谈初期主要采用悬置的方法,但随着研究本身的开展,逐步获得了对研究问题的部分认识后,便可以开展更深入的访谈,针对性地收集希望得到的信息,不断从宏观和微观的角度提出问题,获得对研究更为全面的认识。③访谈要有止境。当从下一个(类型)访谈中获得的信息总是和从前面的访谈中获得的信息类似、没有新鲜观点出现的时候,访谈就可以停止了。

在镇内调研的期间,笔者也着重关注了政府公文、会议记录、工作简报等相关材料,并将期间经历的关键事件形成日记,多方面多角度地试图将改革政策对于小城镇的具体影响准确如实地反映出来,以此为基础,基本掌握了 Y 镇的基本情况和变化,尤其是政府机构设置、审批过程、资金运用、人事变动等。

(2)拓展个案法

个案研究的主要作用之一是它能够从个案详细描述与分析中,发现影响事物的主要因素及其作用,提供群体或类型的详细资料,个案研究的深入全面是其他研究方法无法实现的(张晓琼,2011)。但是个案研究也会存在代表性和推广性的问题,同时调查者个人背景也可能影响到报告的全面性,为了尽量减少个案研究带来的问题,也有学者们提出了拓展个案的方法。

拓展个案法通过对宏观、微观两方面因素的经验考察,达到对问题的深入理解。问题可大可小,搜集资料兼涉宏观和微观两个方面,分析时要始终抱持反思性的信条,时时体察宏观权力等因素对日常实践的渗透性和影响力。研究者居高临下地看待具体生活,亦从具体生活中反观宏观因素的变迁。通过观察宏观与微观因素的往复运动,进而解答问题。它跳出了个案研究的狭小天地,解决了宏观与微观如何结合的问题(卢晖临等,2007)。

这种研究方法应用的经典案例是 Burawoy(1998)自身长达 4 年在赞比亚做的一项经验研究,在描述"赞比亚化"(Zambianization)政策实施情况的过程中,Burawoy 同时选择了上层官员和下层工人两个阶层进行独立研究,先是找到了"赞比亚化"实现的途径"覆盖'赞比亚化'"(blanket Zambianization)和"遮蔽'赞比亚化'"(shadow Zambianization),接着发现了这样的手段会产生的影响,而对应该影响的原因,他又在更为广泛的范围中寻找并最终得出了殖民秩序没有发生根本上的变化的结论。拓展个案的方法区别于单纯的个案研究,Burawoy 也强调,为了从特殊(unique)中抽取出一般(general),从微观(micro)移动到宏观(macro),并将现在(present)和过去(past)连接起来以预测未来,该方法运用的过程还要依赖于事前已有的理论(pre-exsiting theory)。

本书的问题导向和过程与 Burawoy 的研究案例有一定相似之处,尤其是访谈过程采用先悬置后针对的方法,有别于单纯的"现象学"社会研究方法,因此对于拓展个案研究方法的运用,也有助于本书关于推广和代表性方面的说明。

1.4.2　个案选择

本书以浙江省 J 县 Y 镇为研究对象,所选择的乡镇并不能代表整个浙江省当前所有的乡镇,也不能说明所有乡镇必然经历和该镇完全一样的社会经济发展过程,但在个案选择的过程中,笔者主要考虑了以下主要因素。

(1)案例主要特征

研究所选案例 Y 镇位于中国东南沿海经济发达地区,社会经济水平较高,政府管理相对规范,市场化和城镇化双重推力使得镇级政府对于自身的发展有迫切的希望,在浙江省第一批 27 个小城市试点镇中,Y 镇经济总量居中,建成区常住人口为 5 万人左右,具有一定的代表性。

Y 镇行政体制上属于 J 县管理,由于浙江省一直推行"省管县"体制,J 县受到的来自其所属的地级市 J 市的约束并不大,能够直接对接省级政策,几乎无信息损失。

(2)案例概况

经济发展方面,2011 年,Y 镇实现地区生产总值 49.52 亿元,工农业总产值 240.67 亿元,农业已经形成一定的特色精品产业,农民人均收入 18891 元。Y 镇有省级工业园区一个,总用地面积 9.67 平方千米,核心区 4.50 平方千米,形成了以太阳能光伏、精密机械、新材料为主导的产业体系。2011 年,Y 镇财政总收入 4.738 亿元,地方财政收入 1.918 亿元。这样经济规模的小城镇似乎正好是浙江诸多小城镇的中间案例,正在跨入经济快速发展的阶段,既不像经济实力雄厚乡镇已经转变发展目标,也不像弱势乡镇无暇顾及体制创新。

社会管理和城镇建设方面,2011 年,Y 镇编制完成了《小城市培育试点镇总体规划》,随后逐步开展了控制性详细规划和城市设计、绿地系统等专项规划。

通过规划指导,项目从立项到最后的实施,都能够较好地与城镇整体风貌相结合。Y 镇先后投入 6 亿元,建设完善中小学、市民广场、社会福利养老中心等一批城镇公共服务设施,九年义务制教育率达 100%。社会保障方面,农村五保集中供养率 100%,医疗救助、国家补助等开展顺利,城乡居民养老保险参保率达91% 以上,合作医疗参保率达 99% 以上。总体上,Y 镇的社会管理和城镇建设都取得了一定的成效,本地居民幸福感也较强,已经具备了社会稳定状态,奠定了接受新的体制机制改革的保障环境。

(3)田野调查能够实施

由于我国目前行政体制的关系,尤其是在政府机构,内部人员和外部人员获得的信息是不对等的,要研究政府政策绩效,便需要进入政府内部参与其日常工作,从而能够全面、准确、直观地了解政策的具体执行状况。

笔者于 2012 年 4 月至 2013 年 5 月在 Y 镇村建站挂职,主要参与小城市培育试点工作,也通过每天在镇内接触到的各项工作体会强镇扩权改革政策对于小城镇的具体影响过程。笔者能够听懂 Y 镇地方方言,因此在与镇内工作人员交流或参加会议时不存在理解上的问题,能够顺利地接收各方面相关信息。

1.4.3　研究内容

根据本书设定的研究目标,具体研究内容主要有以下两个方面。

(1)展现强镇扩权政策实施过程

从强镇扩权改革政策的背景、意义、各层面意图等多方面进行分析,对政策制定、实施的过程进行全面的梳理,展现改革政策的来龙去脉,了解当前扩权改革开展的状况,进一步挖掘政策作用于小城镇的途径和机制,说明政策实施是怎样逐层传递至小城镇的,改变了原有小城镇权力结构的哪些方面,以为政策实施具体化的研究奠定较好的基础。

政策实施会导致小城镇权力结构发生变化,并最终体现于各种具体的发展要素的变化,例如在研究中初步发现政策主要影响小城镇的人事配备、财政补助、税费优惠、审批权限、综合执法、土地指标等方面,这些也是小城镇权力结构在经济社会层面的具体体现。本书先要确定强镇扩权改革政策的实施要素与小城镇发展之间的匹配度,确定分析框架,然后准确和有效地说明两者之间如何相互作用,即改革政策针对每项具体的发展要素是通过何种途径或者方式对小城镇发展的某个方面产生了一定的作用的。

对于小城镇发展受到影响的具体要素作用过程,主要通过横向和纵向比较研究来展现。横向研究主要是指县域范围内研究对象和其他乡镇之间相同要素的比较情况,尤其针对改革政策实施前后的变化,从而能够获得横向之间政策优越性的具体体现。纵向研究是对已确定的人事配备、财政补助、税费优惠、审批权限、综合执法、土地指标等要素进行分类、分级、量化等分析,可以选择部门具体操作视角,审视各细化要素对小城镇的发展会产生哪些不同作用,以时间作为比较的尺度来考察政策实施前后小城镇在发展过程中产生的变化、小城镇各部门采取的不同做法、小城镇某些方面如企业或居民出现的应对等。

(2)评价强镇扩权政策对小城镇发展要素变化的影响及成效

通过改革政策实施过程展示,基本上能够逐步形成该政策对小城镇发展各项要素变化的影响及成效评价,对政策实施的效果或是影响也能够有更为直观的把握。

在具体小城镇发展要素变化的成效评价中,从改革政策影响小城镇发展要素的当前效果以及制定的相关要求进行论述,将当前政策涉及的成效从各个方面较为全面地展示出来,对每项发展要素的成效的大小、是否合理、时效性如何等方面做出判断。成效评价也从一个角度反映出现阶段强镇扩权改革政策对小城镇发展的影响体现,对政策实施的合理性及调整也有一定的借鉴意义。

通过典型案例的选择能够将强镇扩权改革政策的实施过程和对小城镇发展的影响更为形象和明确地展现出来,通过研究框架的设计,能够将强镇扩权改革政策的实施绩效通过具体的作用要素体现出来,从而也能够对政策实施过程进行一定的总结和评价。

1.5　本书组织框架

本书从浙江省强镇扩权改革视角研究政策实施过程、作用及成效,并以具体的 J 县 Y 镇作为典型案例来说明,分为九章。第 1 章是绪论,第 2 章至第 8 章是本书的主体部分,其中第 3 章至第 6 章是对政策重要影响要素的分析,第 9 章是结论与展望。

第 1 章,绪论。主要阐明本书的研究背景、研究意义与目标、国内外相关研究进展、研究设计等,对本书主要涉及的相关内容进行说明,从研究方向的确定介绍到如何开展研究,其中交代了研究个案 Y 镇的情况、调研时间等。

第 2 章,浙江省强镇扩权改革历程及影响要素。本章是承上启下章,主要阐述强镇扩权改革政策的由来,并明确该项政策开展的状况,包括研究个案 Y 镇对该项政策的执行状况,此外还着重探讨了改革政策中明确的小城镇体制机制具体要素与小城镇权力结构之间的对应关系,从而为后续的分块研究奠定重要的基础。

第 3 章,Y 镇政府行政管理体制改革。本章从小城镇政府行政管理体制方面的转变来阐明强镇扩权改革政策对小城镇发展要素的影响,在后续章节的分析中也采取了类似的研究框架。先梳理改革政策中关于小城镇政府行政管理体制方面的要求,接着分别从政府职能、政府机构和人员编制三个方面展示具体的政策作用过程,随后评价政策实施对小城镇发展要素影响的成效。

第 4 章,Y 镇项目审批扩权。本章是第 3 章中关于项目审批权限的详细论述,在这轮强镇扩权改革中,项目审批扩权作为政府行政管理体制改革中的重要环节更需要被关注。对项目审批扩权方面的政策进行梳理后,分别从行政审批服务中心建设和开展综合行政执法两个方面开展论述,接着对当前阶段项目审批扩权的数量质量、扩权意愿和扩权形式等进行评价,最后探讨项目审批扩权对小城镇发展的具体影响。

第 5 章,Y 镇财政管理扩权。本章先对财政管理扩权方面的政策进行梳理,明确 Y 镇在改革政策实施前后财政体制的区别,接着从体制变化、税费优惠和财政补助三个方面说明小城镇如何能在原有"吃饭财政"的基础上实现新的突破,然后通过比较县镇之间、各乡镇之间的财政状况,说明 Y 镇财政在财政管理扩权实施后的变化。

第 6 章,Y 镇土地管理扩权。本章先对土地管理扩权方面的政策进行梳理,然后对土地管理涉及的土地指标、土地综合整治和土地储备中心的要求展开论述,明确政策实施后的变化,随后探讨 Y 镇土地管理扩权对小城镇发展带来的具体影响。

第 7 章,Y 镇其他管理体制扩权。本章是对其他管理体制改革的综合性论述,主要从户籍管理体制、就业保障体制和住房管理体制三个方面展开,每项管理体制也从政策梳理来了解政策对 Y 镇发展要求的前后变化,并将每个管理体制以 Y 镇涉及的具体工作进行分类论述,探讨对其发展带来的影响。

第 8 章,浙江省强镇扩权改革政策总体评价。本章分为两个部分,分别通过定性和定量分析对改革政策进行总体评价:定性分析主要从各管理体制改革的实施条件、开展速度、涉及面、执行效果等方面对改革政策进行分析;定量分析主要采用层次分析法对 Y 镇第一个三年行动计划的选择指标进行分析,从而初步对改革政策实施的综合效益进行评价和总结。

第 9 章,结论与展望。

第2章　浙江省强镇扩权改革历程及影响要素

2.1　我国小城镇体制机制改革

改革开放至今,国家在小城镇发展方面的政策从无到有,从单一到综合。以小城镇发展的体制机制改革为视角,我国小城镇体制机制改革大事记见附录1。

我国小城镇发展的阶段,尤其是在改革开放以后,可以分为三个时期:恢复发展期、快速发展期、协调提升期(吴康、方创琳,2009)。尽管我国小城镇发展的区域差异十分显著,但整体上看,自20世纪80年代中期小城镇迅速崛起、乡镇企业成为农村经济主力军后,90年代中期后,小城镇就似乎放缓了发展的脚步。然而无论小城镇发展是起是伏,我国都围绕着体制机制为促进小城镇健康发展出台过许多改革措施,以重要事件为切入点,大致将小城镇体制机制改革划分为三个阶段:自发发展期、快速发展期和稳健发展期。

2.1.1　自发发展期(1979—1992年)

(1)特点。以乡镇企业为基础的小城镇开始兴起,对小城镇体制机制及政策导向关注不多。

(2)相关背景。中共十一届三中全会确定了党和国家的工作重心转到社会主义现代化建设上来,首要任务就是要集中精力迅速发展我国农业。1983年开展"政社分开"和"建乡工作",1984年民政部提出《关于调整建镇标准的报告》,"撤乡建镇,实行镇管村"的模式,使建制镇迅速发展。1992年,中共十四大明确经济体制改革的市场化趋向之后,农村发展和小城镇建设在国民经济发展中扮演的角色越来越重要,政府用政策引导农村的城镇化显得尤为重要。

(3)主要政策内容。中共十一届四中全会通过《中共中央关于加快农业发展若干问题的决定》，提出实现农业现代化部署的八项措施，其中第七条明确指出"有计划地发展小城镇建设和加强城市对农村的支援。这是加快实现农业现代化，实现四个现代化，逐步缩小城乡差别、工农差别的必由之路"。

（4）评价。改革开放后，在中共十一届四中全会上，我国第一次提出小城镇建设的重要性。这期间由于乡镇企业的快速发展，国家更多的措施侧重于乡一镇建制之间的重构，小城镇作为缓解大城市压力的一种重要手段，各方都已经意识到其重要性，但当时对小城镇体制机制方面的关注并不多。

2.1.2　快速发展期(1993—1997 年)

（1）特点。多方因素导致乡镇企业经济效益不佳，小城镇期望改革突破，成为拉动内需的重要举措。

（2）相关背景。落实中共十四大和第八届全国人大会议精神，我国在全面振兴农村经济的形势下，紧紧围绕农村经济发展，深入探讨新形势下如何搞好村镇建设。中共十四届三中全会通过《中共中央关于建立社会主义市场经济体制若干问题的决定》，强调避免当时小城镇建设中缺乏统一规划和引导、盲目乱建、浪费土地的现象发生，切实加强小城镇建设工作。

（3）主要政策内容。1993 年 10 月，建设部召开全国村镇建设工作会议，确定了以小城镇建设为重点的村镇建设工作方针，会议指出，解决"三农"问题中的经济发展，离不开乡镇企业的繁荣，小城镇在这个环节中具有战略意义，是村镇建设的重点所在。会后，经国务院原则同意，建设部等 6 部委联合颁发了《关于加强小城镇建设的若干意见》，随后建设部两次共颁布了 546 个试点镇开展试点工作，希望总结经验，推动小城镇建设健康开展。1995 年 4 月，国家体改委、建设部、公安部等 11 部委联合下发《小城镇综合改革试点指导意见》，并在全国选择了 57 个镇作为综合改革试点，试点内容包括小城镇政府的经济和社会管理职能、小城镇建设方式、多元化投资机制、户籍管理制度、新型社会保障体制、集体土地内部流转制度、乡镇企业制度、市场培育、镇级财政、农村合作基金组织、科技管理与服务体系、为农服务体系等。1997 年 6 月 10 日，国务院批准了公安部《小城镇户籍管理制度改革试点方案》和《关于完善农村户籍管理制度的意见》。《小城镇户籍管理制度改革试点方案》认为，应当适时进行户籍管理制度改革，允许已经在小城镇就业、居住并符合一定条件的农村人口在小城镇办理城镇常住户口，以促进农村剩余劳动力就近、有序地向小城镇转移，促进小城镇和农村的全面发展。

（4）评价。1993 年的全国村镇建设工作会议是小城镇发展历程中的一个重要事件。这次会议提出了小城镇在解决"三农"问题中具有战略意义，是村镇建设的重点所在,随后国家开始关注小城镇体制改革,突出小城镇产业、建设、配套等方面硬件的打造,通过规划设计、制度管理来保障各方面工作的开展。

2.1.3　稳健发展期(1998 年至今)

(1)特点。小城镇全方位开展综合改革,不断出台各类政策,希望统筹城乡发展,加快城镇化推进。

(2)相关背景。贯彻落实中共十五大提出的战略部署,实现跨世纪发展的宏伟目标,必须保持农业和农村经济的持续稳定发展。江泽民总书记在中共十五届四中全会闭幕会上的讲话中再次强调:"实施西部大开发和加快小城镇建设,都是关系我国经济和社会发展的重大战略问题,应该提上议事日程,进行全面的调查研究,拿出方案,加紧实施。"中共十六届三中全会提出树立和落实科学发展观,统筹城乡经济社会发展的要求,指导小城镇健康发展。

(3)主要政策内容。1998 年 10 月,中共十五届三中全会通过了《中共中央关于农业和农村工作若干重大问题的决定》,指出发展小城镇是带动农村经济和社会发展的一个大战略,有利于乡镇企业相对集中,更大规模地转移农业富余劳动力,避免向大中城市盲目流动,有利于提高农民素质,改善生活质量,也有利于扩大内需,推动国民经济更快增长。2000 年 6 月,《中共中央国务院关于促进小城镇健康发展的若干意见》提出,发展小城镇要统一规划和合理布局,积极培育小城镇的经济基础,注重运用市场机制,妥善解决小城镇建设用地,改革小城镇户籍管理制度,完善小城镇政府的经济和社会管理职能,搞好小城镇民主法制建设和精神文明建设等。2004 年 8 月,《国家发展改革委办公厅关于开展全国小城镇发展改革试点工作的通知》颁布,指出试点内容包括加快政府职能转变和管理体制改革,加强经济社会发展规划对小城镇发展的指导作用,培育和壮大小城镇经济基础,改善小城镇的投资、就业和人居环境,进一步深化农村土地制度和小城镇户籍管理制度改革。随后,国家于 2005 年、2008 年和2012 年三次颁布全国发展改革试点小城镇名单共计 645 个小城镇。

(4)评价。中共十五届三中全会把小城镇建设提升为国家战略,小城镇建设的重要性上升到了空前的高度,此后国家对小城镇体制机制的改革更加务实和准确,强调经济社会发展的重要性,对政府职能转变、农村土地制度、小城镇户籍制度提出改革要求。2011 年 9 月颁布的《国家发展改革委办公厅关于开展第三批全国城镇发展改革试点工作的通知》中还突出要求规划创新、农民工基本公共服务、城镇综合承载力和健全政府管理体制,并首次提出经济行政管理权限下放。

2.2　浙江省扩权改革典型实践历程

2.2.1　市管县、省管县体制

省、市、县是我国从 20 世纪 50 年代一直以来的科层体制,通常表现为"市管县"和"省管县"两种基本组织模式。近些年来,随着社会经济的发展,处于省、县两级中的市似乎更加展现出了科层制固有的弊端,体制转变成为趋势,尽管这样的转变并不是突变,省、市、县三者之间的博弈依然存在。

2.2.1.1　"市管县"体制的形成及模式效应

1958 年,国务院先后批准北京、天津、上海三市和辽宁省全部实行"市领导县"体制,改变了以往"地区""专区"的一些说法,并逐步在一些经济较发达地区开展试点并推广。这个时期的"市领导县"是为了适应我国社会主义建设事业的迅速发展,促进工农业的相互支援,便利劳动力的调配。1959 年 9 月 17 日第二届全国人民代表大会常务委员会第九次会议通过了《关于直辖市和较大的市可以领导县、自治县的决定》,以法律的形式将该体制确立了下来。

改革开放初期,由于城市经济的快速发展,长期实行市县分治的行政管理体制使得城乡二元经济的弊端逐步被放大,两者之间差距不断加大。在此背景下,为了加快城乡一体化建设步伐,中共中央于 1982 年发布文件,决定在经济比较发达的地区试行"市领导县"体制,以经济比较发达的城市为核心,带动周围农村,统一组织生产和流通,逐步形成以城市为依托的各种规模、各种类型的经济区。此后,地市合并,城市升格,建立"市管县"体制成为行政改革的主要取向。中共中央又于 1983 年、1999 年两次发文《关于地市州党政机关机构改革若干问题的通知》和《关于地方政府机构改革的意见》,要求"地市合并",并明确了取消地区建制,原地区所辖县改由附近地级市领导或由省直辖,县级市由省委托地级市代管。由此,"市管县"成了名噪一时的行政体制称谓。在这个体制改革过程中,江苏省最早于 1983 年开始撤销原来的 7 个地区,随后,辽宁、广东两省也先后撤销所有地区,全面实行"市管县"体制,地级市与所辖县、县级市的关系确定为领导与被领导的行政隶属关系,县的发展必须服从市的发展需要。

推行"市管县"体制的过程是区域行政资源和经济资源再配置的空间过程(马斌,2009),体现在具体的操作中主要表现为三种形式:①地市合并,即当时的地区行政公署与该行署驻地的地级市政府实行机构合并,建立新的地级市政府;②县级市升格为地级市,这其中包括原来的县级市和新设的县级市;③县直接升格为地级市,地级市形成以后统一领导管理周边的县。

"市管县"体制较好地统一了市域范围内的各种资源,形成了以中心城市为核心、以市域为腹地的城镇体系,促进中心城市的发育、成长,避免市县重大基础设施重复建设以及城市化过于分散,因此该体制对于我国区域经济发展和城市化进程推进起到了至关重要的作用。同时在行政区划与经济区域比较一致的情况下,该体制也有利于运用行政力量推动经济改革和组织经济活动。

"市管县"体制是一定历史条件下的产物,带有明显的计划经济体制色彩,其根本目的是借用行政手段推动城乡经济共同发展。随着我国市场经济特别是区域经济的发展、行政治理环境和手段的变化,这种适应计划经济年代的行政区划体系,因层级过多,问题日益显现。

2.2.1.2 "省管县"体制实践及经验

"市管县"体制尽管在促进我国经济发展、政治稳定、社会进步方面曾起过重要的作用,但是在这种体制下,增加管理层级提高了行政成本,能级弱的地级市并未起到带动所辖县的发展的功能,还可能剥夺了县级利益,同时也不利于城市化的质量提升(张占斌,2009;陈喜生,2009)。因此,可以考虑把减少层级,实施"省直管县"作为行政区划改革的突破口,由此实现上下联动,减少中间层梗阻。

浙江省"省管县"体制的具体实践体现在三个方面:①实行了财政意义上的省管县体制;②实行了县(市)委书记、县(市)长由省里直管的干部管理制度;③多轮"强县扩权"赋予县社会经济管理权限。

1953 年,中央提出取消大区一级财政,增设市(县)级财政的要求,浙江省当时普遍建立了市、县级财政,并直接接受省级财政的统一领导。1982 年,以《中共中央国务院关于省、市、自治区党政机关机构改革若干问题的通知》为标志,全国"市管县"体制全面兴起,截至 2005 年底,全国有近八成的县一级政府受地级市的领导(谢雯菁,2013),浙江省也推行了"市管县"体制,但除杭州、宁波外,其他地区并没有实行严格意义上的"市管县"体制。

1993 年,国家分税制改革后,浙江在坚持"省管县"财政体制不变的情况下,没有像全国其他地方那样实行分税,而是变分税为财政递增综合分成,并且针对各县市的不同情况,采取"分类指导"政策(朱群英,2007)。对待发达县,实行"亿元县上台阶"政策,即 1994 年起,一次性给予 30 万元奖励,此后以地方财政每年增加 3000 万元为一个台阶,每上一个台阶给予奖励 20 万元。对于个别欠发达县和贫困县,则推出"两保两挂",即 1995 年起,规定这些县市在确保当年财政收支平衡和确保完成消化历年累计赤字任务的前提下,省财政的体制补贴和奖励与地方财政收入增长挂钩,财政收入每增长 1 百分点就补助 0.5 百分点,财政收入每增长 100 万元就奖励 5 万元。这些措施极大地调动了县市的积极性,浙江财政总收入显著增长,增强了省级财政的宏观调控能力,促进了县域经济的发展。

到 1994 年,作为改革开放的成果,仅 30 个发达县的财政就占到省财政盘子的 70%,但是这些经济强县在经济事务、社会事务管理中也碰到很多问题。浙江先后于 1992 年、1997 年、2002 年三次出台政策措施,开展经济强县扩权改革。特别是在 2002 年,浙江省将本属于地级市经济管理的权限推广至萧山、义乌等 20 个县(市、区),涵盖了外经贸、国土资源、交通、建设等 12 大类扩权事项,几乎囊括了省、市两级政府经济管理权限的各个方面,使得浙江省县域经济的强大更为突显,数量在"全国百强县"中始终名列前茅。

尽管"省管县"和"市管县"无论从理论上还是在实践过程中,都是非常有争议的问题(陈喜生,2009),但是浙江省在"省管县"的实践中满足了适应自身经济社会发展的需要,也获得了实践这种体制的主要经验:①制度为改革前提,随着政府职能的进一步转变,服务型政府的开展要求信息、项目、资金等各类要素在行政管理体系中的传递层级要减少,管理幅度可以增加,行政成本的降低也使得地区行政地位和经济地位提升;②以财政体制作为改革的抓手,浙江省"省管县"体制的成功,很重要的一点就是在财政收支划分、预算资金调度、财政年终结算等方面由省直接分配下达到县,从而有效地激发了县域发展经济、增强财源的积极性。

2.2.2 "强县扩权"改革实践

浙江省在推动"省管县"体制过程中,不仅采用了财政省管的措施,还采用了富裕县与贫困县结对、"亿元县上台阶"等各种政策来调动县域经济发展的积极性,伴随着改革发展成效的体现,浙江省又开始了扩大县(市)经济管理权限的体制改革,即"强县扩权"。

1992 年,浙江省出台《关于扩大十三个县市部分经济管理权限的通知》(浙政发〔1992〕169 号),扩权对象包括余杭、萧山、慈溪、鄞县(今宁波市鄞州区)、海宁等。主要改革内容是扩大基本建设和技术改造项目审批权、扩大外商投资项目审批权等,尽管在实施过程中这些权力由于报批过程复杂并没有真正放下来(谢雯菁,2013),但这次标志性的权力下放意味着今后县域将会拥有自主审批权,可以自由灵活地进行经济建设、引用外资等,地方经济能动性更加容易发挥出来,是浙江省"省管县"体制真正意义上的开端(金雪梅,2013)。

1997 年,杭州市进行行政区划调整,将萧山市和余杭市一部分沿江经济发展良好的城镇划归杭州市区划之下,为了间接对这两个县级市进行弥补,浙江省进行了多项市级权力的下放,包括土地管理、基本建设、金融等审批权限,意图通过放宽政策上的限制促使两个市能够获得经济发展上的优势。

2002 年,在前两次放权实验获得一定成效之后,按照"能放就放"的原则,进一步扩大"省管县"体制实行范围,浙江省下发了《中共浙江省委办公厅 浙江省人民政府办公厅关于扩大部分县(市)经济管理权限的通知》(浙委办〔2002〕40 号),将 313 项原本属于地级市的经济管理权限下放给绍兴、乐清、慈溪、温岭、诸暨等 17 个县(市)以及鄞州、余杭、萧山 3 个区。这次下放权限主要涵盖计划、经贸、外经贸、国土资源、交通、建设等 12 大类。2003 年,《浙江省人民政府关于进一步深化省级行政审批制度改革的实施意见》(浙政发〔2003〕35 号)提出,"浙委办〔2002〕40 号文件明确已经下放到 17 个扩权县(市、区)的审批权限,要进一步下放到所有县(市、区)"。此次扩权范围和力度远远超过了前几次,既表明了浙江省对改革创新成果的肯定,又显示出浙江省加快发展县域经济的决心,县级政府史无前例地拥有了更多自主权,主观能动性更加突出。

2006 年,中央在《国民经济和社会发展第十一个五年规划纲要》中提出为了理顺省级以下财政管理体制,可以在有条件的地方实行省管县的财政管理体制。这无疑是对浙江省前期开展的省管县体制持肯定的态度。2006 年 11 月,浙江省下发《中共浙江省委办公厅 浙江省人民政府办公厅关于开展扩大义乌市经济社会管理权限改革试点工作的若干意见》(浙委办〔2006〕114 号),提出这次的扩权不再局限于经济管理层面,还要进行社会管理权限的改革,赋予义乌市与设区市同等的经济社会管理权限,共计 472 项,义乌市还获得了调整优化政府机构和人员编制、对现有机构及其职能进行整合等"特权"(周仁标,2011)。

在具体的实践过程中,各县市的主要做法是移交相应的扩权事项—落实扩权事项—完善相关配套制度,三个环节相互串联、层层递进。省政府、市政府分别以交办、委托、延伸机构等形式,通过文件下发明确具体的下放权限事项,并向社会告知;各个职能部门则积极与上级部门沟通衔接权限移交的手续、承接相关文件文书等,不断落实扩权事项,逐步进入正常运行轨道。此外各地市还出台了相关实施意见,对扩权期间的工作进行强调,法制部门也通过通知积极配合扩权过程中的事项法律依据、执法职能、执法程序等方面的工作,使得"强县扩权"改革政策能够较为顺畅地开展。

持续有效的政府管理体制改革,使得浙江省的县域经济持续发展。浙江省财政收入平均每年以 25% 的速度递增,县域经济总量占到全省经济总量的80%,成为中国县域经济最发达的省份。2007 年,全省 58 个县(市)的地方财政收入均超过了 1 亿元,其中 24 个县(市)的地方财政收入均超过 10 亿元(周仁标,2011)。

浙江省的"省管县"体制有着一脉相承的改革延续,如果说财政体制的省管是省县府际政治体制改革的一块敲门砖,那么这块敲门砖叩开的不仅仅是县级政府获得更多的发展资金,而是获得了这种改革能够成功的关键经验,能够更加深入推进政治体制改革的一种机会。"强县扩权"在某种程度上取得的成效和经验,成为镇级政府开展体制改革的最为有效的案例,乡镇管理体制改革也立刻被提上日程。

综上,浙江省从政治体制改革伊始就推行"省管县",这种敢于创新和承担风险的魄力营造了良好的改革氛围和环境,"强县扩权"的成功积累了良好的实践案例和经验,两者的结合最终使强镇扩权改革水到渠成。

2.3 浙江省小城镇体制机制改革和强镇扩权改革现状

浙江省小城镇是伴随着浙江城市化推进而迅速发展起来的,2000 年后,浙江省针对小城镇出台政策,力求促进其体制创新,加快小城镇动力机制转变,实现更为高效的小城镇发展,这个阶段的政策和文件更为集中、强化(详见附录 2)。

2.3.1 浙江省小城镇体制机制改革发展阶段

浙江省小城镇发展很显著的特点就是其伴随着经济体制改革的推进,尤其是国家对乡镇企业、民营经济表示支持和鼓励后,小城镇由 20 世纪 80 年代初的停滞发展状态转变为 1999 年前后达到顶峰,最多时全省有建制镇 1000 余个(建设部课题组,2007)。21 世纪以来,浙江的小城镇发展开始由数量的扩张向内涵的深化转变,省内也出台一系列政策将各种功能的小城镇进行整合、归并,有效地促进了小城镇更为健康地发展。总体上看,2000 年以后,浙江省小城镇体制机制改革可以总结为"一条主线、三个台阶、多种措施"。

一条主线是指始终围绕起区域发展带动作用的中心镇,将其作为政策制定、体制突破的重要对象,集中各类资源,优先发展中心镇。对于中心镇的体制机制改革,强调先行先试,通过试点获得成功经验,及时推广。与此同时,浙江省中心镇发展改革始终与国家小城镇体制机制改革的要求相一致,尽管具体的改革措施在某些小城镇会提早试行,但往往是在国家层面对一些具体措施予以肯定的前提下实施开展的。

三个台阶是指,2000 年对应《中共中央国务院关于促进小城镇健康发展的若干意见》(中发〔2000〕11 号),浙江省公布了 136 个省级中心镇,迈上了明确中心镇工作的第一个台阶;又于 2007 年出台了《浙江省人民政府关于加快推进中心镇培育工程的若干意见》,确定了列入"十一五"中心镇培育工程的第一批 141 个省级中心镇名单,并明确提出完善中心镇财政体制、实施规费优惠政策(地方留成部分向中心镇倾斜)、加大投入和用地支持力度、扩大经济社会管理权限等扶持政策,这是十分重要的第二个台阶,标志着浙江省小城镇发展已经形成较为完整集中的指导方向;第三个台阶是在中心镇发展的基础上,颁布《浙江省人民政府办公厅关于开展小城市培育试点的通知》(浙政办发〔2010〕162 号),对一批具有小城市形态的特大镇,开展小城市培育试点,着力破解现行管理体制等因素制约引起的困难和问题,加快实现特大镇能级提升,由"镇"向"市"转变。

多种措施是指,2000 年后浙江省公布省中心镇名单以后,一直围绕小城镇体制机制改革出台了各类政策和文件。2001 年 10 月,省人民政府办公厅转发省体改办等部门《关于乡镇行政区划调整工作意见的通知》,为小城镇发展提供合适的空间和腹地,并积极要求推进乡镇和街道行政管理体制改革。后续的政策和文件包括 2001 年《浙江省人民政府关于调整乡镇土地利用总体规划审批权限的通知》(浙政发〔2001〕76 号),2003 年《浙江省人民政府关于进一步完善地方财政体制的通知》(浙政发〔2003〕38 号),2004 年《关于〈浙江省统筹城乡发展推进城乡一体化纲要〉的通知》(浙委发〔2004〕93 号),2009 年《浙江省人民政府办公厅关于切实做好城乡建设用地增减挂钩工作的通知》(浙政办发〔2009〕121 号),2009 年《浙江省人民政府办公厅关于深入推进行政审批制度改革的意见》(浙政办发〔2009〕86 号),2010 年《关于省小城市培育试点专项资金管理若干问题的通知》(浙财建〔2010〕353 号),2012 年《浙江省人民政府办公厅关于印发 2012 年全省小城市培育试点和中心镇发展改革工作要点的通知》(浙政办发〔2012〕33 号)……从政策和文件的内容不难看出,在浙江省中心镇发展和小城市培育试点工作开展过程中,对于与之相配套的行政审批、土地使用、财政资金等方面具体的措施,省政府都进行了明确和指导,通过这样的保障手段使得浙江省小城镇发展,尤其是中心镇培育工作能够一直十分顺利地推进。

2.3.2　浙江省强镇扩权改革整体实施状况

浙江省最早开展强镇扩权改革是从绍兴市开始的。绍兴市从 20 世纪 90 年代中期就乡镇扩权进行了有益的探索,从小城镇综合改革试点到农村综合改革试点,从强镇扩权到扩权强镇,特别是 2007 年后,各县(市、区)通过延伸部门机构、增加授权内容等办法,积极探索中心镇扩权强镇改革试点。绍兴市专门研究出台了《关于积极推进扩权强镇工作的若干指导意见》(绍市委发〔2009〕56号),对各乡镇放权共涉及 15 个方面、72 项事项,各县(市)也均结合当地实际,出台了相关政策。

2010 年 10 月 13 日,浙江省中心镇发展改革暨小城市培育试点工作会议在杭州召开,时任省委书记赵洪祝指出,加快中心镇发展改革和小城市培育,是推进新型城市化的重大举措,是统筹城乡发展的战略选择,是中心镇自身发展壮大的内在要求,是推进经济发展方式转变的必然选择。要通过科学规划、试点培育、产业集聚、公共投入、体制改革,加快中心镇发展和小城市培育,力争到 2015 年将全省 200 个中心镇培育成为县域人口集中的新主体、产业集聚的新高地、功能集成的新平台、要素集约的新载体,建设成为产业特色鲜明、生态环境优良、社会事业进步、功能设施完善的县域中心或副中心,并推进一批特大镇转型升级发展成为小城市。

2010 年 12 月 14 日,浙江省发改委、省编委办、省法制办联合出台了《浙江省强镇扩权改革指导意见》(浙发改城体〔2010〕1178 号)。12 月 21 日,浙江省出台了《浙江省人民政府办公厅关于开展小城市培育试点的通知》(浙政办发〔2010〕162 号)。这标志着以中心镇发展为核心的强镇扩权改革正式成为浙江省小城镇体制机制改革的重要抓手,改革的真正含义是要按照建设服务型政府、责任政府、法治政府的要求,进行政府行政管理体制转变,着重推进政府职能转变,扩大中心镇经济社会管理权限,同时把建立财政分配新体系、土地使用指标倾斜等手段作为促发中心镇新发展的"催化剂",激发中心镇活力,进一步增强中心镇统筹协调、社会管理和公共服务能力,并以此作为小城镇体制机制改革创新的有效尝试,为更多其他乡镇今后的发展提供经验。

27 个小城市试点镇 2011 年、2012 年呈现了"镇均固定资产投资 62.2%、29.1% 的增长,GDP17.6%、15.1% 的增速,财政 26.0%、13.6% 的增收"的超常发展态势(浙江省发改委城乡体改处,2012,2013),扩权改革政策似乎通过小城市培育将改革的绩效进一步放大了出来。

总体上看,浙江省强镇扩权改革政策从正式出台至今经历了两个阶段:一是迎合与观望并存,二是思考与择优为准。当前的很多小城镇都已从第一阶段进入第二阶段，今后还会如何发展依旧值得关注。

第一阶段迎合与观望并存是在强镇扩权改革和小城市培育试点出台不久，到 2012 年左右，由于省政府并未对政策细则进行明确，各地政府并不明晰具体的改革政策操作办法。为了落实省政府文件，在地方开展对应的地方性指导，在审批权限下放方面，各地政府迅速迎合政策中要求的审批事项下放，甚至将县级大部分权限一并交给乡镇一级。钱清镇下放审批事项 137 项，新登镇下放审批事项 251 项，观海卫镇下放审批事项 290 项（另有 238 项国税局事项）……每个小城镇在审批权限下放过程中，尽管会因原有发展条件的不同，涉及的审批事项不会完全相同，但下放的审批事项数相差甚多反映出在强镇扩权改革政策推进过程中，各地政府对政策难以把控，也出现了文件先发，实际操作再观望的状况。在财政体制改革方面也是如此，小城镇迅速实施了新的财政体制并实施了税费返还等政策，但县镇两级关于县级财政补助的推进可能产生不同的看法。

> 目前整个 D 县强镇扩权的各方面工作主要围绕省发改委文件中提出的"三年行动计划"开展，但开展工作主要还在县级层面，具体实施意见尚未出台，仍需等待后续工作安排。
>
> ——D 县 X 镇 D 镇长

> 市一级权力下放有具体的清单，主要有委托、派驻机构、完全放权等形式，7 月份将正式挂牌，通过行政服务中心来实施，10 月份正式运作，目前还什么都没开始。
>
> ——F 市 X 镇 S 镇长

第二阶段思考与择优为准是各地政府通过县级职能部门和小城镇之间不断互动，在 2012 年后对前一阶段开展的各方面工作重新认识和梳理。一些县级部门对于人事高配的工作就提出了暂停的要求，主要考虑到干部高配后可能会带来县域内职级不匹配的问题。很多地方政府也意识到并不是给予小城镇的审批事项越多越好，逐渐开始对前一阶段"随意"下放的审批事项重新进行明确。这个阶段是在扩权改革开展一段时间后，各地政府根据自身实际情况开始对前一阶段的工作进行纠偏和稳定，标志着强镇扩权改革工作开始进入有序时期。

> 县里以前只有建设局，目前成立了规划局，有些权力反而上收了。
>
> ——Q 镇 M 镇长

> 税费返还说是和国家政策有矛盾，现在又都要还回去了。
>
> ——Y 镇财政局 W 局长

2.3.3　浙江省小城镇体制机制改革与强镇扩权改革内在联系

通过对浙江省小城镇体制机制改革的发展阶段和强镇扩权改革政策推出过程的梳理,不难发现,小城镇体制机制改革始终是各级政府为了促进小城镇进一步发展,实现区域资源有效配置的一种手段,从小城镇发展的历程也可以看出,这种体制机制改革始终与小城镇自身发展密不可分,自小城镇发展受到关注以后,各种相关的体制机制改革就几乎没有中断过,各种试点措施也不断出现,有的城镇甚至成为多种改革叠加的案例。因此,从小城镇发展历史的角度看,浙江省开展的强镇扩权改革只是小城镇体制机制改革某一阶段的产物,两者呈一种包含关系。尽管在今后的小城镇体制机制改革中还可能出现新的措施或者导向,但就当前的发展阶段而言,强镇扩权改革基本上涵盖了浙江省小城镇体制机制改革的重要内容和具体措施。

强镇扩权改革政策最早并非由浙江省提出,然而当前在浙江省开展的具体工作与其他省份相比却较为广泛,改革成效也较为显著,其中较为关键的一个原因是强镇扩权改革较好地解决了浙江省小城镇发展过程中遇到的阻碍经济社会发展的问题——小城镇政府管理体制僵硬、职能缺位、权能不足、官员责任意识淡薄等(陈剩勇等,2007;王雄杰,2010),强镇扩权改革能直接从影响乡镇政府社会治理有效性的因素入手改革(姚莉,2008),改善小城镇发展过程中存在的主要问题。浙江省开展的强镇扩权改革迎合了小城镇发展过程中解决问题的导向,并且区别于一定的要素赋予改革措施,在体制机制改革方面迈出了新的一步。

2.3.4　Y镇强镇扩权改革政策执行状况

对2011年Y镇的政府机构设置(见图2.1)进行梳理可以发现,镇政府的权力核心集中在党委、人大、政协和政府之中(见图2.1中虚线框),党政办是整个权力核心的后勤保障部门,另外有民政残联、工会、团委、妇联、司法所等20多个职能部门,一些重要的部门领导由镇党委委员或政府人员兼任,如新区、新市镇公司,党委委员除镇书记、副书记外,还由组织委员、纪委委员、新邮书记和派出所所长共同组成。镇内重要性比较高的部门有新市镇公司、农技水利站、村建站、财政局,从这些部门配置的人员数量也可以看出来。整个镇政府的办事人员约240人(村/社区工作人员不计入),远远超过了县政府对Y镇人员编制的核准数量。图2.1中,线条上的人数代表部门的人员有兼职的情况。

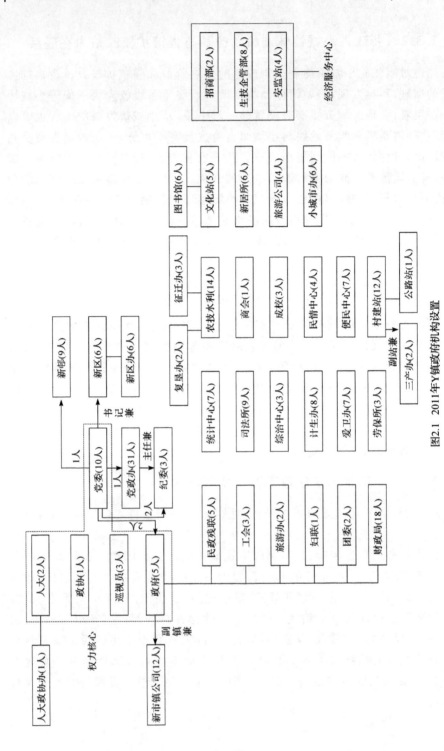

图2.1 2011年Y镇政府机构设置

从 Y 镇政府机构职责来看,除党委、政府、人大、政协"四套班子"属于权力核心,确定小城镇各项决策以外,其余的 20 多个职能部门的机构职责大致可以分为五个方面:社会管理、农业生产、财政管理、经济发展和村镇建设。所有的政府部门机构职责主要面向小城镇自身管理,管理内容相对较为简单,涉及行政处罚方面的内容几乎没有。机构职责中最为主要的内容是社会管理,相关的部门主要有综治中心、司法所、民情中心、劳保所、民政残联、文化站等,这些部门均围绕小城镇居民的日常生活管理,是本地居民重要的保障;农技水利站主要负责农业生产方面的工作,是保障本镇各村开展农业生产的机构;经济服务中心和旅游公司主要围绕小城镇的经济发展进行招商引资、旅游发展方面的工作;村建站主要负责农村居民建房及公共服务设施的建设;镇本级的财政工作由财政局主要监督管理。总体上看,Y 镇政府机构设置和机构职责反映了其政府权力结构的情况,权力配置主要以服务型审批权限为主,还包括镇本级的财政处置权、组织人事权等权限。

J 县人民政府于 2011 年 2 月 25 日颁布《关于加快推进 Y 小城市培育试点工作的若干意见》,标志着 Y 镇以强镇扩权改革为核心的小城镇体制改革的开展。文件中明确"两个组织领导机构"(J 县与 Y 镇联动的小城市培育试点工作协调小组、Y 镇小城市培育试点工作领导小组)作为推进工作的保障,分别由县长和镇党委书记任两个小组的组长。

文件颁布后,县镇两级的主要工作是对各项工作的细则进行明确,主要体现在明确具体下放审批事项,确定财政体制及配套资金使用方式,协调土地指标等方面,用了将近 2 年的时间将各个方面的大致内容进行确定,还包括县级层面的思想统一。

> 2011 年省里文件主要是要求对 Y 镇下放审批事项,比较仓促。……这次基本没有推行,但是为后续工作的推动奠定了基础。……2012 年底,在前几次的基础上,Y 镇再次提出明确下放事项,审批中心再次和部门对接,仍然是前面的过程,相互沟通协调,最终明确了 129 项,并发文件,后续也按照这个文件确定下来进行逐步实施。
> ——Y 镇人大 J 主席

这期间改革政策的执行主要体现在县、镇两个层面:县级层面主要通过发改部门的协调与县级层面其他职能部门不断沟通,多次与 Y 镇进行对接,提出需要支持的事项以及适当进行县级层面资源的倾斜;镇级层面主要通过项目建设推进小城市建设任务,Y 镇三年行动计划中确定要完成总项目数 150 个,总投资额 30.90 亿元,2011 年在小城市培育试点工作第一年就推进了项目 60 项,竣工 7 项。

镇级行政审批服务中心于 2012 年底正式竣工并投入运行,开展了围绕镇区居民的公共服务,截至 2013 年底,完成各类审批事项 2.3 万余件。但是总体上,审批事项下放执行过程相对缓慢,原有驻镇机构以分局形式开展审批工作的已经在进行并且成效较好,然而相对专业的审批事项由于对应于 Y 镇的执行标准或细则与原有县级要求不匹配而无法直接开展行政审批,已完成的审批事项中,近 90% 属于专业性不高的劳动社保类事项。

整体上看,由于县镇两级政府的高度重视,目前 Y 镇的改革政策执行较为顺畅,尽管在过程中遇到了一些问题和挫折,但是政策可能带来的实效性使两级政府的人员都一直保持着积极性,政策已经从最初的宏观调整开始逐步向小城镇内部深入影响,政策的细则在不断完善,各方面对政策的认识也在不断加深。

2.4　扩权改革学理定位与小城镇发展要素对应关系

2.4.1　扩权改革学理定位

提到扩权改革,很容易想到西方的亚里士多德的分权思想:"三者之中,其一是有关城邦一般公务的议事机能;其二为行政机能部分,即行政机能有什么样的职司,负责的是哪些事务,以及他们如何选任,这些问题都应该逐个论述;其三为审判(司法)机能。"随后,孟德斯鸠引用英格兰的案例,提出国家的三种权力(立法权力、国际法事项行政权力、民政法规事项行政权力)应该相互分立,并相互作用,成为"三权分立"学说界最具有影响力的代表。西方国家在分权实践中树立了美国、英国、法国等这样经典的案例,其中法国的分权模式更为学术界所关注,法国自 1982 年开始进行了地方分权改革,这次分权伴随着行政权力、行政职责的下移,地方政府机构改革和财政资源的转移,可以说这次改革迎合了当时较好的经济形势,并且具有不可逆转的趋势。法国分权的实践,在开展的背景及实施措施方面与我国的扩权改革有着异曲同工之妙。

对于我国来说,尤其是新中国成立后,中央集权在一段时间内集聚了全国的力量开展社会主义建设,使得国家战争创伤在短时间内得以恢复,随着各省市将重心转向经济建设,予以地方更多发展自主权成了中央一直反复强调的重点。1978 年中共十一届三中全会后,邓小平提出"放权让利、分灶吃饭"的体制改革。1979 年,邓小平在《关于经济工作的几点意见》中提出"财政体制,总的来说,我们是比较集中的。有些需要下放的,需要给地方上一些,使地方财权多一点,活动余地大一点,总的方针应该是这样"。1986 年 9 月,在听取中央财经领导小组汇报时,邓小平再次强调政治体制改革对于经济体制改革的重要性,并且重申了政治体制改革的目的是调动群众积极性,提高效率,克服官僚主义。对于政治体制改革的内容,邓小平明确了一是党政分开,二是权力下放,三是精简机构,在权力下放中也突出了地方各级政府也都有一个权力下放的问题,而精简机构也是与权力下放有关的。这是 1986 年 9 月至 11 月期间邓小平关于政治体制改革问题四次谈话中反复提及和强调的内容,反映了我国对领导权力乃至政治体制方面的改革措施在不断延续、深入开展。

在中央放权政策的层层影响下,地方行政体制也发生着相应的变化,从人民公社化、政社合一开始,到小县并大县再到扩大地区一级财政权力,直至"市管县"体制的全面开展,中央到地方政府的权力分解随着这样的行政体制变化不断地进行着调整。在这个过程中,浙江省从最初财政体制的省管,逐渐拓展了县域的权力,随后推行强县扩权的政策,将"省管县"体制深入推广,层层递进,镇级政府的扩权也水到渠成。2007 年 5 月,浙江省下发《浙江省人民政府关于加快推进中心镇培育工程的若干意见》(浙政发〔2007〕13 号),首批选定 141 个省级中心镇,按照"依法下放、能放就放"的原则,开展了强镇扩权的改革。

然而,"扩权"二字并不能将这项改革措施全面完整地表示出来,扩权也与放权、分权的概念相互交织,为了明晰浙江省开展这项工作的意图和实际过程,对扩权改革的内涵还需准确地定位。

世界银行分权专题小组(Decentralization Thematic Team)的 Litvack (1997)认为,分权包含了不同国家的多样化概念,不同类型的分权形式也由于自身特点、政策实施条件等不同因素需要区别开来。分权概括起来讲是个复杂的多方面概念,主要指中央政府公共服务职能的权力和责任转移至下属或半独立的政府机构,或是私营部门。

从类型上讲,分权主要包括政治分权、行政分权、财政分权和市场分权,其中,行政分权是指在不同层级政府之间,为了提供各种公共服务而将权力、责任和财政资源等重新进行分配,是中央政府或部门公共职能的计划、财政和管理等职责向下级政府或部门的转移(transfer)。行政分权又包括权力分散、权力委托、权力下放三种主要形式。

(1)权力分散。它被认为是分权中最弱的形式,通常用于单一制国家,是在中央政府不同层级中重新分配决策制定、财政收支及管理权限,仅仅是中央政府部门一些职责转移至省级或区级政府部门,创造出了一种现场管理模式,或者是在中央政府部门监督下的当地行政管理模式。

(2)权力委托。权力委托是种较为广泛的分权形式,通过委托,中央政府将政策制定及公共服务管理权转移至半自治组织(semi-autonomous organizations),并对该组织负责。权力委托主要用于公共企业或公司、房管部门、交管部门、特殊服务区、半自治学区、区域开发公司或特殊项目实施单位,通常这些组织在决策方面有很大的斟处权。

(3)权力下放。权力下放时政府转移决策制定权、财政收支及管理权等至当地政府或半自治组织,并赋予其法人地位。权力下放一般将权力职责交给市,由市自选市长及议会,自身创收,自身制定投资决策。在这样的系统中,当地政府有明确的法定地域范围,并在范围内执行公共服务,这也是多数政治分权的基础。

从狭义概念上来讲,强镇扩权应属于行政分权中的权力下放,其中很关键的一点是权力下放的时候要赋予接受权力的下级政府法人地位,该级政府在自身管辖的地域范围内有高度的自治权,能够自身创收并制定投资决策。在浙江省开展的强镇扩权改革从政策初衷以及一般理解来看,实践操作中还远远未能达到概念明确的"本该"达到的效果,在政策实施阶段甚至还包括了权力分散和权力委托为主的形式,显然这"似乎"是一种概念的混淆和交织,但是正是这样的交错使得政策实施的难度下降,一些"苛刻"的要求和标准短期内暂时不需要完全达到,工作能够较为顺利地开展。

此外,浙江省的强镇扩权改革政策又不仅仅局限于行政分权,在改革政策的具体内容中还包括了财政体制、土地管理等方面的内容,使之成为一个较为综合的体制机制改革手段。

2.4.2　扩权改革与小城镇发展要素对应关系

改革政策作用于小城镇发展是比较抽象的概念,本书主要通过将改革政策涉及的内容与小城镇自身权力结构以及小城镇发展要素之间的对应关系建立起来,来明确具体的作用要素和作用过程。

尽管强镇扩权改革更多地强调对小城镇审批权限的赋予,但从浙江省 2007 年通过《浙江省人民政府关于加快推进中心镇培育工程的若干意见》(浙政发〔2007〕13 号)开始,小城镇体制机制改革就不再仅仅局限于某一个方面,而是涉及行政管理体制、财政管理体制、社会管理体制、户籍就业保障制度等多方面的综合性改革,在关于具体扶持政策和改革措施的内容中,与小城镇体制机制改革相联系的政策覆盖了小城镇财政体制、规费优惠、用地支持、经济社会管理权限、投资体制、户籍制度、就业和社会保障等许多方面,这些也几乎包含了关系到小城镇发展的所有内容。

以现行的行政管理体制为例,按照职能分工理论,政府权力配置体系是政府职能分工的对应体系,政府职能履行的范围和性质决定了行政权力的配置,行政权力配置是政府职能分工的结果,社会经济发展的程度不同,对社会分工的要求不同,政府职能分工和相应的权力配置格局便会不同。Y镇在以往的发展中已经形成了自身较为稳定的行政管理体制,然而由于强镇扩权改革的实施,该体制原有的框架被触动,包括政府职能、机构设置和人员编制等都受到了改革政策的影响。

同样地,强镇扩权改革政策在有关小城镇发展的财政管理体制、土地管理制度、户籍管理制度等方面都有较为明确的改革措施和内容。财政管理体制均强调按照财权与事权相匹配的原则,进一步理顺县(市、区)与试点镇的财力分配关系,建立试点镇政策倾斜、设有金库的一级财政体制,实现财力分配向试点镇倾斜。土地管理方面,要求各地将省下达的年度城镇建设用地切块指标优先安排给试点中心镇。这些具体的政策措施将是最终影响小城镇发展的关键,然而若要使相关的内容成为现实,成为小城镇发展过程中的实体要素,必然要依靠小城镇政府的决策执行。

小城镇发展的动力因素可分解为三个基本因素:资源、区位、政策。区位和政策虽然都可以对小城镇经济发展起到推动作用,但实际上其作用机理也是通过对资源这个内力的激发而使经济得以提升的(汤铭潭等,2012)。可以看得见或以实体形式存在的硬性资源指各种自然资源、人力资源、资本资源等,这些硬性资源决定了一个地区发展的先决条件,会对传统经济发展起到较为重要的作用。因此,影响小城镇发展的要素可以主要从资源的角度来分类,例如资本要素、人力要素、土地要素等,如果能够在小城镇发展的过程中对上述要素进行改变,势必会带来小城镇发展的变化。

影响小城镇发展的这些基本要素主要通过小城镇自身管理的人民政府的具体职权来执行并成为现实,这也是由《中华人民共和国地方各级人民代表大会和地方人民政府组织法》明确赋予的。强镇扩权改革政策中明确了关于小城镇体制机制改革方面的内容较为广泛,包括了行政管理体制、财政管理体制、土地管理制度、户籍管理体制、就业保障体制等许多内容,这些管理体制内容的变化,最为直接影响到的是小城镇人民政府的具体职权,会调整地方政府的权力结构。因此,在政策作用于小城镇发展的过程中,小城镇地方政府的权力结构成了政策内容和小城镇发展要素两者联系的重要桥梁。

目前较为常用和综合的乡镇整个权力结构可以大致分为项目审批权、行政执法权、组织人事权、财务处置权、事项决策权及其他依法实施的权力①。其中，项目审批权是对小城镇内部发生的事务进行准予或调整，具备较强的监督、控制作用，小城镇的组织人事权即内部人员录用、调动、任免等权力，财务处置权是指对镇级物资采购、钱款支配等权力，这几项权力目前在乡镇权力结构中相对较为重要。以 Y 镇为例，其权力结构同样可以划分为项目审批权、行政执法权、组织人事权、财务处置权等，其中项目审批权又分为行政许可、非行政许可和服务类三种，是权力结构重要的组成部分，当前县级政府开展的权力下放内容主要集中于项目审批权。以行政管理体制受到扩权改革政策的影响为例，小城镇政府职能的改变对应了其权力结构中审批权限、执法权限的变化，这些权限是当前赋予小城镇社会经济管理权限的关键内容，此外行政管理体制中关于机构优化及人员编制的调整也对应了小城镇组织人事权的变化。

上述分析大致构建了强镇扩权改革政策与小城镇发展要素之间的对应关系，首先将强镇扩权改革政策要求内容分类和归纳，得到关于小城镇发展的行政管理体制、财政管理体制、土地管理制度、户籍管理体制、就业保障体制等诸多体制机制要求；其次将小城镇的权力结构依据具体的职能分别确定为项目审批权、执法权、组织人事权、财务处置权、事项决策权等不同的权力类别，权力的分类与强镇扩权改革政策的要求内容以及实际工作内容相匹配，行政管理体制中的政府职能与小城镇的项目审批权和执法权相对应，政府职能的变化对小城镇权力结构中的这两项权限会有影响，政府机构和人员与小城镇的组织人事权相对应，财政管理体制与财务处置权相对应，扩权改革涉及其他方面体制的变化则与小城镇的事项决策权相对应；最后小城镇的权力结构中不同权限的变化最终会影响小城镇发展动力因素中资源的变化，组织人事权与小城镇发展中的人力资源相对应，财务处置权与资本资源相对应，事项决策权中土地管理权与土地资源相对应，项目审批权则通过资源配置间接影响小城镇发展过程中的人力、资本、土地等资源要素。三者形成了"扩权改革政策—小城镇权力结构—小城镇发展要素"的影响路径，如图 2.2 所示。

---

① 目前乡镇权力结构尚无统一分类，且可以按职能与权限进行分类。此外就项目审批权而言，浙江省各地的划分也不尽相同，例如富阳新登镇下放权力事项中，行政许可 69 项，非行政许可审批 40 项，行政处罚 121 项，行政监管 4 项，行政征收 3 项，行政调解 2 项，其他12 项；绍兴钱清镇下放权力事项中行政许可 7 项，非行政许可审批 41 项，行政监管 33 项，行政处罚 8 项，行政确认 5 项，行政征收 3 项，行政给付 12 项，行政裁决 11 项，其他 39 项。

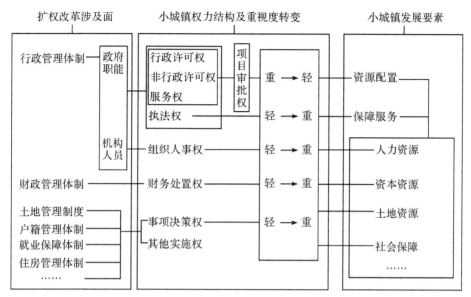

图 2.2　扩权改革与小城镇权力结构的对应关系

由图 2.2 可以看出,在突出强调政府行政管理体制中职能转变的同时,权力结构及重视度同样发生了一定的变化,小城镇公共服务职能进一步强化,从原来只重视审批权限转变为重执法、重组织人事、重财务处置等公共管理性的工作内容。

就城建这方面工作来说,扩权主要应下放审批权,权限和开发区一样,包括"一书三证"发放以及建设工程施工许可发放。

——D 县 X 镇 D 镇长

最核心的主要是事权(审批)、财权和人权(专业人员)。

——S 县发改委 K 科长

扩权的影响主要有两个方面:审批和财政。

——S 县 P 镇县规划分局 D 局长

实施中碰到的问题主要有关资金、人力资源和政策支持力度。

——T 县 B 镇镇长

本书将主要从政府行政管理体制、项目审批权限、财政管理体制和土地管理制度等方面论述强镇扩权改革政策实施过程,这其中,项目审批权限变更属于政府行政管理体制中权力设置改变带来的变化,由于项目审批权限涉及内容较多,同时又是当前阶段各地着重开展的具体工作,本书将会单独对其内容进行详细阐述。其余的影响要素分属不同的管理制度,相互之间通过综合的作用影响小城镇发展。本书将重点从上述四项体制制度方面开展论述,将每项体制制度的实施过程具体展现出来,并且说明它们的作用及对成效进行一定的评价。

第3章 Y镇政府行政管理体制改革

　　镇党委书记高配后,书记在县里的话语权增加,能够参与决策,对于县域资源向 Y 镇倾斜肯定是有好处的。

——J 县组织科 W 科长

　　公务员是县里统一调度的,我们想多招也不行,然后招来的工作上也不一定行,这就是现状。

——Y 镇组织人事员小 C

3.1　政府行政管理体制改革政策梳理

3.1.1　省级政策解读

　　有关小城市培育试点镇改革,相关的主要省级文件中的具体指引有以下几个。

　　(1)2007 年 4 月 10 日,《浙江省人民政府关于加快推进中心镇培育工程的若干意见》(浙政发〔2007〕13 号)出台。

　　　　按照创建服务型政府的要求,强化中心镇政府农村科技、信息、就业和社会保障、规划建设、公共文化、义务教育、公共医疗卫生、计划生育和法律援助等公共服务职能。按照"精简、统一、效能"的原则,根据实际需要综合设置机构,在核定的人员总编制范围内配置工作人员。

　　其中,主要要求是创建服务型政府,在核定的人员总编制范围内配置工作人员。

　　(2)2010 年 10 月 11 日,《中共浙江省委办公厅　浙江省人民政府办公厅关于进一步加快中心镇发展和改革的若干意见》(浙委办〔2010〕115 号)出台。

按照"促进经济发展、加强社会管理、强化公共服务、推进基层民主"的要求,科学界定中心镇政府职能,重点强化面向基层和群众的社会管理和公共服务职能,实行政企分开、政资分开、政事分开、政府与中介组织分开,降低行政成本,提高行政效率。创新机构编制管理,按照"精简、统一、效能"的原则,允许中心镇根据人口规模、经济总量和管理任务等情况,在核定编制总数内统筹安排机构设置和人员配备,积极探索综合执法、行政审批服务、土地储备、公共资源交易等平台建设。配优配强中心镇党政领导班子,省级中心镇党委书记一般由县(市、区)级领导班子成员兼任。少数不兼任的,可根据工作需要和干部本人条件,高配为副县(市、区)级。创新县级部门与其派出(驻中心镇机构)的管理体制,建立"事权接受上级主管部门指导、财政以中心镇属地管理为主、干部任免书面征求中心镇党委意见、赋予中心镇党委人事动议权"的双重管理制度。

其中,主要要求为重点强化面向基层和群众的社会管理和公共服务职能,在核定编制总数内统筹安排机构设置和人员配备,省级中心镇党委书记一般由县(市、区)级领导班子成员兼任,不兼任的,可根据需要高配为副县(市、区)级。

(3)2010 年 12 月 21 日,《浙江省人民政府办公厅关于开展小城市培育试点的通知》(浙政办发〔2010〕162 号)出台。

根据试点镇的人口规模、经济总量和管理任务,允许试点镇在核定的编制总数内统筹安排机构设置和人员配备;县(市、区)政府部门派驻试点镇的机构,业务上接受上级职能部门的指导,日常管理以试点镇为主,其负责人的任用、调整及工作人员的调动,应书面征得试点镇党委的同意。垂直管理部门可以在试点镇设派驻机构。

建立完善市县两级建设、规划、环保、交通等部门专业人才到试点镇挂职的制度,缓解小城市管理人才紧缺的压力。

其中,主要要求为核定的编制综述内统筹安排机构设置和人员配备,建立专业人才到试点镇挂职的制度。

(4)2010 年 12 月 31 日,浙江省编办出台《关于小城市培育试点镇行政管理体制改革的若干意见》(浙编办〔2010〕64 号)。

增强试点镇管理服务功能:切实转变政府职能,依法赋予县级经济社会管理权限,推进综合行政执法,强化基层公共服务。

优化试点镇机构设置:党政机构综合性办公室一般为 7～10 个,执法机构为县(市、区)综合行政执法局派出机构,优化事业资源配置。

合理配备领导职数和人员编制:试点镇党政领导班子一般为 9～

11 人。镇党委书记一般由县（市、区）领导班子成员兼任，少数不兼任的，可根据工作需要和干部本人条件，高配为副县（市、区）级。县（市、区）部门派驻试点镇的公安、地税、工商等机构的主要负责人，一般由县（市、区）部门副职兼任。根据管理任务需要，可适当增加试点镇的人员编制力量。所需行政编制从省分配下达给县（市、区）的乡镇行政编制总数内调剂解决。

完善试点镇工作运行机制：健全县（市、区）镇两级协调运转的工作机制。加强权力运行的监督。加强试点镇干部队伍建设。通过培训进修、挂职锻炼、公开考试录用等多种方式调整优化试点镇干部队伍结构，增强干部工作能力和水平。

其中，主要要求为政府职能转变，优化机构设置，合理配备领导职数和人员编制，开展挂职制度。

从以上文件可以看出，对于小城镇政府机构和职能的改革，省里多次出台的文件要求口径比较一致，在强调乡镇一级政府的工作重点是强化面向基层和群众的社会管理和公共服务职能的同时，也一再指出要在核定的编制总数内统筹安排机构设置和人员配备，不希望乡镇政府服务职能的增加带来人员和机构的膨胀。

此外，《中共浙江省委办公厅　浙江省人民政府关于进一步加快中心镇发展和改革的若干意见》中提到了中心镇党委书记高配为副县级的内容，这对小城镇的整体地位具有一定的影响，尤其是一些地方在操作中镇党委书记不仅高配为副县级，同时还进入县委常委，这对于资源向小城镇倾斜必然会带来积极的作用。

2010 年底，浙江省编办出台的文件较为全面地将小城镇行政管理体制改革的要求进行了汇总和统一，主要分为增强试点镇管理服务功能、优化试点镇机构设置和合理配备领导职数及人员编制。这三个方面省编办的要求比较细致，基本上对小城镇行政管理体制改革的范围、内容和具体要求都进行了明确，对县镇两级落实政策都有较好的指导作用。

3.1.2　县（市）级政策解读

J 县人民政府于 2011 年 2 月 25 日颁布《关于加快推进 Y 小城市培育试点工作的若干意见》，在小城镇政府机构和职能方面，提出"按照小城市管理的要求，增加 10 名人员编制，增加建设、环保、卫生等 16 项城市管理职能"。

此外，为了进一步明确 Y 镇行政管理体制的安排，在市一级机构编制委员会的要求下，J 县于 2011 年 12 月 30 日又颁布了《关于印发〈J 县 Y 镇行政管理体制改革方案〉的通知》，文件的主要内容分为三个方面。

（1）转变政府职能，增强管理服务功能。注重城镇管理、生态保护、市场监管、公共服务，强化执行和执法监管职能，增强处置突发公共事件和社会治安综合治理的能力。依法赋予县级经济社会管理权限，重点在产业发展、规划建设、项目投资、安全生产、生态保护等方面。开展综合行政执法试点，推行"大综合"执法改革。强化基层公共服务，推行"一站式服务""全程代理制"，提高工作效率和服务水平。

（2）优化机构设置。党政机构进行整合，设置"十办"。事业机构整合为事业综合服务中心，工作岗位由镇党委政府根据工作需要落实到"十办"。部门派出机构实行条块结合、以块为主的管理体制。

（3）人员编制和领导职数配备。核定 Y 镇行政编制 60 名，公益一类事业编制 72 名。其中党政领导班子成员为 12 人，领导班子成员实行交叉兼职。

J 县对于 Y 镇行政管理体制改革的具体做法是根据省级政策要求到市级安排再到县级落实，层层推进，县级政策主要从转变政府职能、优化机构设置和配备领导职数及人员编制三个方面提出具体的要求。

3.2　政府行政管理体制改革实施过程

政府行政管理体制主要是指政府系统内部行政权力的划分、政府机构的设置及运行等各种关系和制度的总和，行政管理体制是政治体制的重要组成部分，政治体制决定行政管理体制。这中间，政府的职能与政府机构相匹配，政府机构又对应了相应的人员编制，三者之间的联系十分紧密。本章重点考察改革政策通过改变上述三者为小城镇发展带来的变化。

县（市）级政策层面，关于政府行政管理体制改革的内容均是由 J 县政府联合不同职能部门作为执行主体制定和出台的，是对省级政策的具体执行，政策对 Y 镇在人员方面有较为直接的影响，包括人事环境的改变，而对 Y 镇其他发展要素的影响则较为间接，主要通过政府管理体制转变、项目审批权限调整来实现。Y 镇政府行政管理体制改革体现在政府职能、政府机构和人员编制三个方面，并对 Y 镇的发展要素产生不同的影响（见图 3.1）。

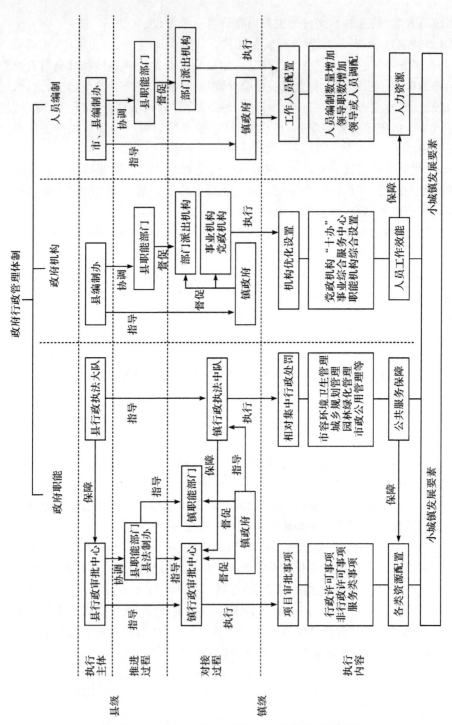

图 2.2　扩权改革与小城镇权力结构的对应关系

3.2.1　通过政府职能强化和拓展影响小城镇发展机制

政府职能是国家行政机关依法对国家和社会公共事务进行管理时应承担的职责和所具有的功能,反映公共行政的基本内容和活动方向,是公共行政的本质表现。政府职能包括政治、经济、社会和文化方面的职能,不仅涉及民主政治、维护稳定、提供公共产品、市场监管,同时涵盖社会组织保障、教育文化卫生等方面的内容。

自 1994 年起,我国各级地方政府机构相继进行改革,改革的主要内容和重点如下:转变政府职能,实行政企分开;合理划分职权,理顺各种关系;大力精兵简政,提高行政效率。对于 Y 镇而言,强镇扩权改革政策对其政府职能方面的作用主要表现为原有职能的强化和新增职能的拓展,这些使得 Y 镇开始初步突破传统意义上乡镇全由县级指挥的限制,带来了其政府权限的相应变化,从而对为小城镇发展提供经济、社会、环境等保障的规定、决策等产生一定的影响。在政策实施过程中,改革把"审批权限"的调整作为重要抓手,体现出了一种对政府职能转变的"倒逼"机制。由于审批权限涉及的内容较多,具体的改革过程及影响将在第 4 章中单独进行介绍。

3.2.1.1　原有政府职能强化

与《中华人民共和国地方各级人民代表大会和地方各级人民政府组织法》的要求一致,Y 镇原有整个镇所有的部门都是围绕镇区和所辖村庄居民的农业生产和社会生活管理进行配置的,除领导部门外,其他部门的职能主要是城镇建设、农业生产和财政管理,例如村建站、农技水利站、财政局等,尽管乡镇一级的政府部门几乎有"小而全"的职能设置,但由于很多权属的审批部门为县级,Y 镇具备的职能更多的是"维持和保障"现有城镇的发展。

改革政策实施以后,Y 镇的城镇职能在原有的基础上进行了强化,主要表现为基层的公共服务进一步加强。涉及部门主要有综治中心、劳保所、民政残联、爱卫办、文化站、计生办和农技水利站,面对小城镇辖区内的所有居民、村民,进行社会管理和农业生产、技术推广方面的工作。职能强化以后,Y 镇在原有职能的基础上增加了原来部分县级部门的职能,对城镇范围内的事项能够开展直接审批和认定(见表 3.1)。

表 3.1　Y 镇部分部门职能强化情况

部门	原有职能	强化职能
综治中心	社会治安综合治理	印鉴信息管理
劳保所	劳动保障、医疗、养老、失业保险	劳保审查、社保登记、事业援助、技能培训等
民政残联	村民委员会、军人、残疾人、救灾	低保认定、临时救助、地名设置等

部门	原有职能	强化职能
爱卫办	环卫、公厕管理	餐饮服务许可、健康证等
文化站	文化生活、传播媒体管理	出版物零售、音像制品零售等
计生办	人口计划生育	再生育、生育证明等
农技水利站	农业技术推广、农机维修培训等	收割机、无公害水产品等的审批

3.2.1.2 新的政府职能拓展

Y 镇除了原有政府职能的强化以外，还在两个方面有了新的职能拓展，一是在经济发展、城镇建设方面有了更多为自身服务的权限，二是对整个城镇管理有了综合行政执法的有力保障。这些职能的拓展使 Y 镇具有了一些原本属于县域的职能，尤其是涉及经济发展和城镇建设方面的职能对于小城镇的发展来说具有比较重要的作用，Y 镇能够初步在本镇根据城镇建设发展的需要完成企业项目审批、城镇建设管理方面的内容。

尽管仍然有许多职能例如计量许可、招标外资项目、地税减免、名胜文保、燃气市政、地下空间改造等 Y 镇依旧不具备，但目前 Y 镇一些新的政府职能拓展为今后 Y 镇城镇职能的进一步完善奠定了良好的基础(见表 3.2)。

表 3.2　Y 镇部分部门职能拓展情况

部门	原有职能	拓展职能	备注
经济服务中心	招商、企业安全生产、监督	组织机构代码、企业投资技改、税务登记等	
村建站	村镇规划、村民住宅、公共设施	城建管理、公路交通、土地使用、人防环评等	
综合执法中队		市容环境、城乡规划、园林绿化、市政公用、工商行政、公安交通	Y 镇原来无城镇综合执法中队

此外，Y 镇原来不具备开展城镇市容环境、城乡规划等方面的职能，必须依靠县城对其开展的各项工作进行监督、保障，整个管理链条烦琐、时间周期较长、管理有效性欠佳，新赋予 Y 镇综合行政执法的职能，是对 Y 镇强化和拓展职能的有效保障。

Y 镇更加突出政府在加快人口集中、产业集聚、功能集成、要素集约中的引导、服务作用，城镇重点做好发展建设规划，推动产业转型升级，营造良好发展环境，激发社会创业创新活力的各项工作。同时加强小城镇对经济社会事务的统筹协调能力，更加注重城镇管理、生态保护、市场监管、公共服务，强化执行和执法监管职能，增强处置突发公共事件和社会治安综合治理的能力。

政府职能强化和拓展是强镇扩权改革政策重要的意图之一,由于政府职能规定了地方政府行政活动的基本方向,其改革从宏观层面在规划导向、土地使用、经营管理、投融资等方面会影响小城镇发展的要素保障,相应地也会使小城镇原有的发展机制发生一定的变化,这个作用过程尽管相对较为间接,但是却使小城镇政府在经济社会管理中从"态度"到"观念"都逐步发生了转变,对小城镇的发展影响更为长远。

3.2.2　通过政府机构优化设置影响小城镇发展的人员效能

依照国家法律设立并享有行政权力的中央和地方行政机关就是我们常说的政府机构,是政府职能的物质载体。我国对每一级政府都明确了相应的政府职能,同时对地方政府的主要机构和领导、人员都有相应的要求。

Y 镇原有党政机构和事业机构有约 35 个部门和 29 个驻镇单位,除一些相对稳定的部门外,还主要根据需要办理的特殊事件成立了对应的部门,人员方面有相互交叉兼职,如新邨、新市镇公司、三产办等的工作人员,《关于印发〈J 县Y 镇行政管理体制改革方案〉的通知》对 Y 镇从党政机构、事业机构和部门派出机构三个方面提出了机构设置优化措施。

(1)党政机构。优化了党政办公室、党群工作办公室、经济发展办公室(挂安全生产监督管理办公室牌子)、规划建设办公室(挂土地储备中心牌子)、社会事务管理办公室、综合治理办公室(挂应急维稳中心、综治中心牌子)、财政财务管理办公室(挂财政所牌子)、综合行政执法办公室(与综合行政执法中队合署办公)、农业与新农村办公室、行政审批管理办公室。

(2)事业机构。镇直属事业单位整合设置为事业综合服务中心,事业编制人员关系统一转入事业综合服务中心,工作岗位由镇党委政府根据需要落实到"十办"。

(3)部门派出机构。县级部门派驻在镇的机构原则上都要下放,实行条块结合、以块为主的管理体制;职能相近的应予以整合,与 Y 镇相关职能机构综合设置。

2011 年 12 月,Y 镇颁布《关于调整 Y 镇职能配置机构设置和人员任命的通知》,对"十办"的工作和人员进行了明确,实行综合设置,例如党群办公室,负责日常组织人事、纪检监察、宣传文化、工青妇群团和人民武装等工作,下设组织人事科、纪检监察科、宣传科、文化站、工会、团委、妇联和人武部,人员均予以落实。

扩权改革政策中要求优化乡镇机构的主要目的是从小城镇发展的人员要素入手,使小城镇建设中以政府人员为主的人力资源能够更为合理和高效地开展各项工作,间接促进小城镇发展。机构优化中对 Y 镇政府机构职责转变的要求有:①增强统筹城乡发展能力——加强对经济社会事务的统筹协调,注重城镇管理、生态保护、市场监管、公共服务,强化执行和执法监管职能,增强处置突发公共事件和社会治安综合治理的能力;②实行机构功能综合设置——坚持精简、统一、高效能的原则,按照优化资源配置、提高工作效率、便于服务群众的要求,对镇党委、镇政府承担的工作职能重新梳理,整合行政事业职能。

然而从当前政策作用结果来看,在实际操作中,机构的合并、重立和优化工作并未真正开展,Y 镇依旧保留了原有的约 35 个部门,驻镇单位也相对独立,工作上与乡镇进行整合办理,但机构方面依旧按照原有的设置和地点开展办公。在小城市试点三年行动计划中提出的五大中心均完成挂牌,但由于具体工作开展的有限性,土地储备中心和应急维稳中心都是与其他部门合并办公。

机构中专门对应省小城市试点镇考核增设了小城市办,从原村建站内调派一人专职做考核工作,包括资料收集、汇编等,村建站一些人员还在小城市办兼职,完成随时调配的不同工作内容。

Y 镇机构设置并未按照政策要求完成调整,一方面是由于原有机构运行状况仍然较好,全部调整涉及工作量较大,人员变动也可能暂时引起工作不稳定。即使要开展各项改革政策包括小城市试点镇的一系列工作,通过人员兼职和其他部门临时调配,也基本上能够满足当时小城镇的合理运作,并不需要立即调整部门和人员。另一方面是机构设置变动并非考核硬性指标。小城市试点镇考核的内容中,可能是因为考虑到机构调整需要循序渐进,并不涉及政府机构硬性调整,这对于 Y 镇而言也是一种缓冲机制,人员能够初步按文件要求的"十办"进行调配,不过要通过后续工作来逐步实现,但 Y 镇的机构设置也会适当调整人员安排,使得政府运作效率不会因为未执行政策要求而降低。

综合来看,目前 Y 镇并未因为机构调整没有完全开展而受到较大影响,各机构依据政策要求在具体的小城镇经济社会管理过程中适时调整了相应原有机构的一些职责要求,尽管这些调整在当前并不是十分明显,但如增强公共服务和综合执法职能、整合行政事业职能等政府机构职责转变中要求的相关工作已经逐步开始推进。

> 关于机构设置,一是原机构设置运转正常,二是虽根据要求将人员按十部门分配好,但部门未挂牌。
>
> ——Y 镇组织人事员小 C

3.2.3 通过人员编制和领导职数配备影响小城镇发展的人员要素

强镇扩权改革政策在政府行政管理体制改革方面产生的对小城镇发展的最为直接的影响就是调整小城镇政府部门人员,一方面是增加人员数量,另一方面是提升人员质量(领导职数)。

3.2.3.1 人员编制

2009 年,根据浙政函〔2009〕92 号文件批复,J 县部分行政区划进行了调整,由 11 个镇调整为 6 个镇、3 个街道办事处,随后经省编委办批准(浙编办函〔2010〕20 号),J 县调整后 6 个镇行政编制为 261 名(实际下达给 6 个镇 256 名),事业编制为 314 名(实际下达给 6 个镇 308 名)。其中 Y 镇行政编制核定为 55 名,事业编制为 66 名。人员编制数量和乡镇规模及发展状况相匹配,从 2009 年的 Y 镇编制数量可以看出 Y 镇的发展已经在 J 县具有一定的优势。考虑到政府机构改革的趋势,J 县并未将人员编制数全部下达给各个乡镇,保留了 5 名行政编制和 6 名事业编制以备不可预见因素之需。

2010 年底,Y 镇被省委、省政府确定为全省 27 个小城市培育试点镇之一,开展了强镇扩权等一系列改革措施。2011 年,根据 J 编〔2011〕39 号精神,《关于印发〈J 县 Y 镇行政管理体制改革方案〉的通知》正式印发。改革方案对 Y 镇人员编制重新进行了核定,核定行政编制 60 名,公益一类事业编制 72 名。

从 2012 年 J 县各乡镇及街道行政编制和事业编制数量分配(见表 3.3)可以看出,Y 镇在人员配置数量方面在全县各乡镇中占有一定的优势,编制总数第一,比第二的乡镇多出 11 人,这使 Y 镇具备更多的人力资源开展各方面工作。

表 3.3 2012 年 J 县各乡镇及街道行政编制和公益一类事业编制数量比较 (单位:人)

地区	行政编制	公益一类事业编制	备注
Y 镇	60	72	
GY 镇	34	41	
DY 镇	24	29	
TN 镇	55	66	
XT 镇	54	65	
TZ 镇	34	41	
乡镇总计	261	314	
WT 街道	55	66	
LX 街道	45	54	
HM 街道	45	56	
街道总计	145	176	街道行政编制有预留

数据来源:J 县编办。

Y 镇人员实际编制情况却并未全面达到政策要求的标准(见表 3.4)。

表 3.4   2011－2013 年 Y 镇行政编制、事业编制和镇聘人员数量   （单位：人）

截止时间	行政编制	行政编制核定数	事业编制	事业编制核定数	镇聘人员
2011 年 12 月	46[①]	55	64	66	149
2012 年 12 月	47[②]	60	51	72	147
2013 年 12 月	47[③]	60	53	72	143

数据来源：Y 镇党政办。
①②③含工勤 1 人。

2011 年，Y 镇实际行政编制 45 人，事业编制 64 人，分别空编 10 人和 2 人；2012 年和 2013 年，在 Y 镇核定行政编制和事业编制增加的情况下，Y 镇行政编制仅增加 1 人，事业编制人数不升反降；2013 年，Y 镇行政编制和事业编制的空编人数分别为 14 人和 19 人，Y 镇有名额却不能用足，使得其在人力资源方面捉襟见肘。

这种严重的空编现象出现的主要原因是县级部门对人事管理权的把控和镇级人员退休调离。一方面，县级部门并未将人事管理权限交给 Y 镇，每年的编制人员招聘全部由县里统一开展，为了保持全县乡镇级部门之间的人员招聘平衡，Y 镇人才引进名额也就 1～2 人，不会将 Y 镇的所有编制一次性用足；另一方面，由于 Y 镇自身人员的退休、调离，原有带编制人员数量减少，尤其是在遇到人员年龄段相对集中的时候，人员缩减幅度较大。从空编的现象也可以看出，扩权改革政策在人事管理权方面没能给予乡镇足够的权限和空间。

> 公务员是县里统一调度的，我们想多招也不行，然后招来的工作上也不一定行，这就是现状。
>
> ——Y 镇组织人事员小 C

政策文件明确的 Y 镇在编人员应在 132 人左右，但由于乡镇工作本身的烦琐性，实际上乡镇政府的工作人员数量往往超过在编人员数量要求，有许多镇聘人员(编外人员)。

从 2011—2013 年镇聘人员的数量来看，Y 镇并未因为扩权改革政策的实施增加镇聘人员数量，相反，由于县级部门对乡镇镇聘人员数量有控制，Y 镇镇聘人员的数量呈下降趋势。镇聘人员大致分为 A、B、C 和无类别四类：①A 类人员主要被安排在镇内岗位相对较为重要的部门，例如财政局、统计中心等，有 30 人左右，每人每年薪水 5 万～6 万元；②B 类人员主要被安排在镇内岗位相对次要但需要完成较多程序性工作的部门，例如党政办、行政服务中心等，有 50 人左右,每人每年薪水 4 万～5 万元;③C 类人员不多,有 10 人左右,被安排在文化站等部门;④无类别人员主要是后勤人员(卫生保洁、门卫等)和市场管理人员,有 40～50 人。

在县级政府压缩乡镇镇聘人员数量的情况下,Y 镇每年的镇聘人员数量不断下降,后勤岗位和市场管理岗位在人员配置改革后还将逐步推向市场,由劳务公司代理管理,整体镇聘人员数量将保持在乡镇编制人员总数的 50% 左右,这会给乡镇的人力资源带来极大的挑战。

3.2.3.2　领导职数和高配

《关于印发〈J 县 Y 镇行政管理体制改革方案〉的通知》中明确,Y 镇党政领导班子成员为 12 人,比县域其他乡镇领导班子的 9～11 人的最高配置多 1 人,这有利于提高 Y 镇人员的工作积极性。

> 一般乡镇党政决策人数为 9～11 职,Y 镇为 12 职,H 街道为 10 职,Y 镇多配一个就是扩权政策带来的好处。
>
> ——J 县组织科 W 科长

原 Y 镇党委和政府共有领导干部 11 人,职务分别是党委书记(1 人)、镇党委副书记(3 人,其中 1 人为政法委书记,县级下派,不占编)、党委委员(5 人,其中 1 人是派出所所长,不占编,其余 4 人分管组织、人武、纪委和新邨)、副镇长(4 人,分管开发区、农业、城建、科教文卫)。改革政策实施后,新增的一名镇领导干部为负责宣传工作的党委委员,配合乡镇完成宣传教育、组织学习和文化体育等方面的工作。

Y 镇的人员高配主要体现在三个方面:①Y 镇党委书记 2011 年 12 月当选为中共 J 县委员会常委;②Y 镇财政局局长高配副科级;③《关于印发 J 县城市管理行政执法局主要职责内设机构和人员编制规定的通知》中明确,县城市管理行政执法局 Y 镇分局为局派出机构,分局设局长 1 名(可高配副科级)。

乡镇领导和部分人员的高配,不仅仅是对人员待遇方面的提高,更多是通过职位的调整为小城镇工作带来一定的好处,主要表现为三个方面:①提高领导干部工作积极性和稳定性,使其长期为小城镇服务,同时也具有一定榜样作用,为其他人员努力工作指明方向;②镇内领导高配有利于一些重要部门参与"班子会议",对高层决策有更多的了解,此外可以更好地协调与其他镇内部门之间的工作,提高办事效率;③镇党委书记高配增加了该乡镇在全县的"话语权",尤其是领导进入县常委,能够使全县资源较以往更多地向该乡镇倾斜,职位高配也有利于乡镇与县级部门之间更好地沟通,县级部门会较以往提供更多便利,便于工作开展。

高配以后的镇领导协调能力要比其他镇强,官高一级有话语权,若进入常委则更加有话语权,我认为乡镇一级都需要高配,至少在部门沟通上有作用,否则仅仅可能是表面应承。

——G 镇 M 副镇长

镇党委书记高配,书记在县里的话语权增加,能够参与决策,对于县域资源向 Y 镇倾斜肯定是有好处的。

——J 县组织科 W 科长

关于高配问题,感觉影响在两个方面:一是从财政管理来看,财政涉及城镇建设各个方面,现有地位太低,不去参与的话对信息、财政管理不利,比如班子会议、书记办公会议不能参加,领导商量地价定位时没有发言权的话对整个资金预算不利;二是从乡镇体制来说,镇长直管财政,但是由于镇长繁忙,财政所长去和其他部门其他人员协调的话显得不合适,职级不够也无法和其他副镇长进行沟通。

——X 镇财政所 Z 所长

从当前政策作用结果来看,Y 镇尽管在人员编制方面获得了政策倾斜,但实际招聘使用的人员数量并未有明显增长。此外还由于编制人员数量无法满足、城镇职能增加,乡镇人均工作量急剧增加,2011 年乡镇工作人员基本还都能保证有双休日,但随后几年双休日已经无法保证,周六通常变为工作日,有时甚至双休日均需加班。一般在工作日主要完成部门、日常事务等,双休日要下村、走企业等执行本镇内的一些事务和政策性指令。

就是白天不够晚上做,平时不够双休日做。对编内人员来说,普通的想调离比较难,对编外人员来说,除非有更好的出路,否则也只有咬牙干下去。说实话,在企业打工,没有一技之长的话,不见得待遇好。不过目前镇里的工作氛围还是挺好的,大家都是针对工作任务的,一个部门比较忙的话别的部门也会被临时抽调过来共同完成工作。

——Y 镇组织人事员小 C

领导职数和高配方面的工作开展较为顺利,当前 Y 镇财政局局长、执法中队队长都能够较好地参与本镇决策工作会议,对城镇发展能够提出更为直接的建议。Y 镇书记已经在县委常委会议中参与具体县级政策的决策,对于 Y 镇发展的导向有了更多宏观层面的把控,与此同时,县级部门与 Y 镇的对接工作也较以往更加便捷,各部门对 Y 镇的工作给予了更多的支持和帮助。

3.3　政府行政管理体制改革对小城镇发展要素变化的影响及成效评价

政府行政管理体制改革是强镇扩权改革中重要的保障机制,希望通过努力破解小城镇发展遇到的体制机制障碍,推进政府职能转变,理顺职责关系,优化组织结构,着力增强科学决策、统筹协调、管理服务能力,逐步形成与小城镇发展相适应、权责一致、运转协调、便民高效的行政管理体制。扩权改革及小城市培育试点政策方面的要求目前主要使小城镇在政府职能转变、优化机构设置和人员编制及领导配备方面发生了一定的变化。

政府行政管理体制的转变并不能直接为小城镇带来例如资金、土地等最为直接的资源要素。但是行政管理体制的核心是对行政机构职能和权力合理划分,并通过行政机构这一载体施行各项行政职权,目前在我国市场经济体制的建立过程中,政府依旧扮演了重要的角色,发挥了很大作用。当前的政府管理,在组织架构、人员配置、运行机制等方面,已经有了历史性的变化,政府行政管理体制转变的有效性,体现在为经济社会发展带来更多资源要素,也表现为政府社会公共服务职能的强化,政府行为与市场作用进一步协调,公信力不断提升。因此,小城镇政府行政管理体制转变的成效会体现在对小城镇发展影响的大小上,从简单的资源要素获得到政府行为整体合理化,是改革过程必经之路。

3.3.1　政府职能的强化和拓展成效长远

浙江省政府出台的一系列围绕强镇扩权和小城市培育试点的政策都强调了发展条件较好的小城镇的政府要突出在加快人口集中、产业集聚、功能集成、要素集约中的引导、服务作用,搞好发展建设规划,推动产业转型升级,营造良好发展环境,激发社会创业创新活力。小城镇政府要加强对经济社会事务的统筹协调,更加注重城镇管理、生态保护、市场监管、公共服务,强化执行和执法监管职能,增强处置突发公共事件和社会治安综合治理的能力。毋庸置疑,小城镇政府职能的转变被再次提上议事日程。

在具体的政策实践中,小城镇政府职能较以往有了强化和拓展,原有职能进一步强化,拓展侧重于产业集聚、城镇建设职能,再通过综合行政执法进行全方位保障,所有的一切都使得小城镇政府在构筑新的城镇管理服务功能平台的同时,不断转变政府职能,理顺职责关系,推进执法中心下移,完善政府公共服务。

通过原有政府职能的强化和新职能的拓展，Y 镇在政府职能转变过程中较以往已经有了显著的变化，尤其是综合行政执法职能的赋予，为 Y 镇开展各项城镇建设提供了有力的保障。乡镇职能的转变也使得 Y 镇相应的权限得到一定的转变，然而与县级政府所具有的职能和权限相比，Y 镇政府的职能仍然差距较远，仅仅是审批权限，Y 镇政府拥有的就只是县级政府的一部分，就政府全部职能而言，Y 镇的实际具有职能会更少（县级政府还具有包括人事管理等更多审批以外的职能）。

机构优化设置方面，Y 镇的要求是将更多的职能部门进行合并、重立，精简机构，体现新机构的综合性。然而与县级职能部门相比，综合性机构缺少了各部门相对独立时的专业性，在行政体制"条线"上可能会存在一定的对接问题，这同时也说明了目前 Y 镇还远远不能达到县级政府部门设置的专业性。

行政编制方面，J 县 2013 年党政群编制为 599 名，3 个街道编制总计 155 名，县级行政总编制为 754 名。事业编制方面，J 县在按省里规定控制总编制的情况下，事业编制数为 9433 名（公益类事业编制包括 4000 多名教育编制和 2000 多名卫生编制，另文化、民政、广电等都以事业编制为主）。

Y 镇在人员编制上尽管已经比县域其他乡镇具有了较为明显的优势，编制数超过了县城各个街道所占有的编制数，但无论政策提出 Y 镇需要实现多少县级经济社会管理权限，仅人员编制方面，Y 镇与县城之间的差距便不是靠政策就能简单弥补的，当前 Y 镇也不可能达到县级公共服务的水平。

但是可以看到，小城镇政府职能的转变势必带来政府权限的变化，在强化原有农业生产和社会生活管理方面权限的基础上，增加了关于经济发展、城镇建设等方面审批权限的内容，小城镇政府的权力结构发生了一定的变化，使得小城镇开始从"他管"向"自管"迈进。具体项目审批权限和综合行政执法的实施过程及影响将在第 4 章详细阐述。

当前强镇扩权改革政策在政府行政管理体制方面尤其是政府职能调整方面的成效尚不是十分显著，但是一旦这种机制有效建立和运作之后，势必会给小城镇发展带来长远的影响。

3.3.2　政府机构优化和人员编制配备成效不显著

乡镇政府由于原有机构运行的惯性依旧按照原来的部门设置开展工作，政策要求成立的综合性办公室尽管落实了科室人员，但并未真正运作。2012 年，Y 镇分别增加了 5 个行政编制和 6 个事业编制，但由于人事权并非本镇所有，加上人员退休和调离因素,真正有编制在 Y 镇工作的人员不增反减,并不利于小城镇发展。在政策实施一段时间后,机构优化和人员编制配备两方面改革对小城镇发展要素变化均无显著影响。

强镇扩权改革和小城市培育试点镇政策开展以后,对于 Y 镇而言,着实增加了一定的编制额度,这些额度似乎是从县级总编制中单独转给 Y 镇的,然而在 2009 年 J 县行政区划调整以后,县级部门就已经开始预留编制(行政编制省编委办批准 261 名,J 县下达 256 名,事业编制省编委办批准 314 名,J 县下达 308 名)。可以理解为,这些本身可能会分配给 6 个乡镇的编制名额由于"突发"因素全部都给了 Y 镇,其他乡镇的利益似乎受到了挤压,但县级政府在这个方面并未有任何"损失"。

和县域其他乡镇比较,Y 镇在人员编制方面有 10 人以上的增加,这为小城镇的发展带了重要的人力资源,同时人员编制的增加也会进一步提升小城镇政府工作人员的凝聚力,他们的自我价值容易得到体现,地方归属感也会增强。此外,Y 镇在党政领导人数上也有 1 人的增加,不仅能够充实小城镇领导班子,增强领导班子决策、办事能力,还能提升本镇人员工作的积极性。

然而,Y 镇人员"空编"情况和镇聘(编外)人员压缩的双重作用,使得在职人员的工作量大大增加,如果激励制度不够完善,长此以往势必会给人员正常工作造成负面影响。这也从一个侧面说明,尽管政策一再强调要赋予 Y 镇县级经济社会管理权限,但 Y 镇无法掌握作为执行各项工作保障因素之一的人事权的时候,整个政策推进过程会不顺畅,也会阻碍政策应有绩效的体现。

3.3.3　领导高配成效体现双面性

领导高配的确能够带来一些"立竿见影"的成效,Y 镇党委书记成为县委常委以后,能够利用自身的"话语权",推动县级资源在某种程度上向 Y 镇倾斜。此外由于职位高配,党委书记在职级上要高于县级部门领导,从以往"平起平坐"到如今的"官高一级",在工作协调方面 Y 镇明显有了更大的优势,县级部门也可能从原来的"爱理不理"变得"主动对接"。

另外,Y 镇领导干部的高配作用体现在镇内和镇外。镇内,领导的高配有助于本镇领导开展决策前充分听取部门领导的建议,进行更为科学的引导,部门领导对于 Y 镇领导的意图更为了解,使决策过程更为透明,执行也更为顺畅。镇内领导高配为县级领导后,能够大大增加乡镇在县域中的"话语权",有助于小城镇迅速掌握和了解全县发展的状况和趋势,还能参与县级政策制定过程,有一定的投票权,使本镇在某种程度上获得县域资源的倾斜,这给小城镇今后发展带来的益处不言而喻;同时,小城镇与县级部门之间的沟通协调会变得相对容易些,本镇领导在事项处理过程中与县级部门进行交流更加方便,能够加速推进各项事务的办理进程。

2012 年 7 月 16 日,J 县发改局领导到 Y 镇开展座谈会,主题是关于发改局如何服务好小城市建设。Y 镇 J 镇长提出,县里对小城市建设方面的要求有:融入上海;重点项目争取优势;争取国家层面政策;抓住本身与上海对接的优势。

发改局提出,镇里要先列出需要服务的方面,再进行讨论,案例可以参考建设局对小城市试点工作责任的分工进行,主要分四个方面:项目推进;争取政策解决要素制约;接轨上海,承接浙商创业;小城市体制机制改革。此外还可以增加服务业方面的内容。

2012 年 11 月 30 日,J 县交通局领导到 Y 镇开展座谈会,主题是关于乡镇公路建设对接及协调。会后在交流中,交通局领导讲了县里对 Y 镇小城市建设有政策方面的倾斜,建成区内主要是建设局控制,建成区外是交通局把控,在保障县级指标的前提下,Y 镇获得的优惠占全县指标的 1/3 左右,但并不会引起别的乡镇的利益损失。小城市建设是县里牵头成立工作组,在总体政策优惠的前提下进行的。

县级部门到 Y 镇的对接并不一定与 Y 镇领导高配有直接的相关性,但在工作中能够明显感受到县级部门走访 Y 镇的频率增加,在走访过程中,县级部门也更多地为 Y 镇解决了一些城镇发展中遇到的各类问题,对 Y 镇进行建设带来了积极的作用。

但是,伴随着领导职级的升高,一方面对于领导权力的运用提出了更高的要求,另一方面高配会带来政府体系纵横向方面的连锁反应,需要进一步完善体制以配合高配工作。

首先,高配要考虑与上级部门之间的关系,避免出现管理空白区。当下级部门领导高配以后与上级部门之间不再有上下级关系的时候,上级部门的管理也就不会对下级部门产生相应的制约。其次,各部门、政府之间干部无法产生"鲶鱼效应",阻碍了横向移动。由于职级差别的存在,原来部门之间可以相互流动换岗的人会无法再进行横向移动,整体的人员流动性会下降。最后,高配会带来影响力问题。目前浙江地级市与县级市之间财政权和人事权的分管并不统一,高配会使地级市和县级市在影响力方面存在一定的不匹配。

由此可见,既要看到领导高配为小城镇带来的发展机遇,同时也要考虑到高配会引发的一些问题。对于体制机制的革新,需要进行整体考量和措施的并行推进。

第4章 Y镇项目审批扩权

以前不能控制县里的审批速度,企业落户要270个工作日,现在可以抢先机。

——Y镇J镇长

4.1 项目审批扩权政策梳理

4.1.1 省级政策解读

与审批权限下放相关的主要省级文件中的具体指引有以下几点。

(1)2007年4月10日,《浙江省人民政府关于加快推进中心镇培育工程的若干意见》(浙政发〔2007〕13号)出台。

> 按照"依法下放、能放则放"的原则,赋予中心镇部分县级经济社会管理权限。按照创建服务型政府的要求,强化中心镇政府农村科技、信息、就业和社会保障、规划建设、公共文化、义务教育、公共医疗卫生、计划生育和法律援助等公共服务职能。按照"精简、统一、效能"的原则,根据实际需要综合设置机构,在核定的人员总编制范围内配置工作人员。积极探索中心镇行政执法监管改革,界定法定职责,规范委托执法职权,合理确定协助义务。理顺中心镇条块关系,垂直部门派驻中心镇机构及主要领导干部的考核纳入中心镇考核体系,主要领导干部任免须事先征求当地党委意见。

文件只明确了原则性的内容,并没有具体的条款,因此在实际操作中各级部门都处于摸索阶段,总体来说文件的出台是为了积极引导小城镇的快速发展,但是由于文件这种仅明确原则的特点,伴随而来的理解问题可能使得其实施效果存在一定的两面性(见表4.1)。对于县级主体而言,它们并不清楚哪些

表 4.1   审批权限下放文件要求一

要求环节	对文件内容的理解	可能产生的结果
依据标准	以法律规定的县级权限,部分下放	法定主体的权限即使重要也不能下放
内容功能	公共服务职能	无具体权限事项;工作内容增加
人员要求	总编制不能增加	专业人员缺乏
行政执法	委托的形式	小城镇建设有专人执法管理
部门协调	部门考核镇里有话语权	部门对城镇的支持力度增加

具体的权限适合下放,而法律规定的必须是县级政府作为行政主体的权限条款,更是无法通过直接的下放来实现,这就使得审批权限下放从制定伊始就似乎存在着一些问题。

> 省里的意图是希望镇能够有县一级的职能,但是执行到下面可能有问题,省里定原则,具体实施细则县里制定。
>
> ——T 县 B 镇城建镇长

(2)2010 年 10 月 11 日,《中共浙江省委办公厅   浙江省人民政府办公厅关于进一步加快中心镇发展和改革的若干意见》(浙委办〔2010〕115 号)出台。

> 坚持依法放权、高效便民、分类指导、权责一致的原则,赋予中心镇相应的经济类项目核准、备案权和市政设施、市容交通、社会治安、就业社保、户籍管理等方面的社会管理权。鼓励将非行政许可事项由县级部门直接交办给中心镇行使,行政许可事项由县级部门依据法律、法规、规章的规定,委托给中心镇直接行使。推动行政执法重心下移,支持在中心镇开展城市管理相对集中行政处罚权改革试点,实行综合执法。调整完善县级部门与其派出(驻)中心镇机构的审批管理制度,在中心镇集中办理各类审批事项。各县(市、区)政府要因地制宜,出台中心镇扩权事项目录,建立职责明确、权责对应的责任机制,确保扩权事项有效落实、规范运行。同步推进中心镇政府的依法行政工作,加强法制机构和队伍建设,努力提高管理和服务水平。

该文件是对 2007 年中心镇培育工程的深化,也对具体实践过程中出现的问题及时进行了一定的调整,变化主要表现为对下放的形式和县级部门具体的做法进行了进一步的明确和要求(见表 4.2)。与此同时,浙江省提出今后主要任务之一就是开展小城市培育试点,构建城市化发展新平台,对应举措包括开展强镇扩权、规划体制、财政和投资体制、土地管理、金融制度等方面的改革。

表 4.2　审批权限下放文件要求二

要求环节	对文件内容的理解	可能产生的结果
依据标准	依法放权	委托、派驻成为主要形式
内容功能	公共服务职能,增加经济类审批; 鼓励非行政许可事项	出台具体事项
人员要求	县级部门派驻	部门人员不足
行政执法	相对集中行政处罚	综合执法在小城镇开展
部门协调	县级部门委托或派驻	县级部门为难(不放不行,放要多管)

(3)2010 年 12 月 14 日,浙江省发改委、省编委办、省法制办联合出台了《浙江省强镇扩权改革指导意见》(浙发改城体〔2010〕1178 号)。

赋予小城市培育试点镇必需的县级经济社会管理权。其他中心镇原则上赋予镇域范围内的经济类项目核准、备案权;着重赋予市政设施、市容交通、社会治安、就业社保、户籍管理等方面的社会管理权;通过实施综合执法等方式,加快赋予城市建设管理等方面的行政执法权。

主要采取依法委托、交办,确属需要延伸机构,深化综合执法试点,开展相对集中行政处罚权工作等方式下放。非行政许可审批事项由县级有关部门直接交办给中心镇行使;依据法律、法规、规章的规定可以委托的行政许可事项,由县级有关部门委托中心镇办理;其他行政执法类事项由县(市、区)政府按照有关规定和程序,通过深化综合执法试点或开展相对集中行政处罚权工作实行综合执法。垂直管理部门和派驻机构审批管理的事项须进入行政审批服务中心,集中办理。

该文件是对 2010 年《中共浙江省委办公厅　浙江省人民政府关于进一步加快中心镇发展和改革的若干意见》的确认,文件对县级部门提出各项要求,但考虑到上次的文件可能给部门带来一定的困惑,尤其是并不是很明确在具体操作中该采取怎样的措施,文件明确的县级部门可以采用的各种措施选择相对增加(见表 4.3)。

表 4.3　审批权限下放文件要求三

要求环节	对文件内容的理解	可能产生的结果
依据标准	依法放权	委托、交办成为主要形式
内容功能	经济社会管理权; 鼓励非行政许可事项	出台具体事项
人员要求	县级部门派驻	部门人员不足
行政执法	城市建设管理等方面	综合执法在小城镇开展
部门协调	进入审批服务中心	小城镇办事效率提升

（4）2010 年 12 月 21 日，《浙江省人民政府办公厅关于开展小城市培育试点的通知》（浙政办发〔2010〕162 号）出台。

  根据小城市管理需求，在保持镇级建制不变的前提下，明确试点镇的职能定位，在符合法律法规的前提下，通过委托、交办、延伸机构等方式和途径，赋予试点镇与县级政府基本相同的经济社会管理权限。

  根据试点镇的人口规模、经济总量和管理任务，允许试点镇在核定的编制总数内统筹安排机构设置和人员配备；县（市、区）政府部门派驻试点镇的机构，业务上接受上级职能部门的指导，日常管理以试点镇为主，其负责人的任用、调整及工作人员的调动，应书面征得试点镇党委的同意。

通过多次的酝酿，至少是在审批权限下放方面，浙江省已经积累了一定的经验，因此在 2010 年底推出小城市培育试点工作时发布的文件中，涉及审批权限方面的内容显得十分明确（见表 4.4），省政府只要求把握几个关键点：不违背法律获得县级权限，方式可以多样；人员数量把控；县级部门要支持。文件指出开展小城市培育试点，主要是为了着力破解现行管理体制等因素的制约，加快实现特大镇向小城市转型发展；有利于探索建立权责一致的乡镇管理体制和运作机制，提升基层社会管理和公共服务水平。

表 4.4　审批权限下放文件要求四

要求环节	对文件内容的理解	可能产生的结果
依据标准	依法放权	委托、交办、延伸机构成为主要形式
内容功能	县级政府基本相同的经济社会管理权	出台具体事项
人员要求	总编制不能增加；县级部门派驻	专业人员缺乏；部门人员不足
部门协调	镇里在部门考核中有话语权	部门对城镇的支持力度增加

  然而，从几次文件中不变和变化的要素中不难看出，不能违背规定和严格把控人员编制已经成为审批权限下放的不可逾越的障碍，尽管说是权力下放，但是操作形式中没有一种是真正意义上的完全下放，最后给予县级政府和镇级政府能够自由操作的空间仅仅是具体事项的选择。

4.1.2　县（市）级政策解读

  对应省级政府文件的出台，县级政府也制定了相应的实施细则。J 县人民政府于 2011 年 2 月 25 日颁布《关于加快推进 Y 小城市培育试点工作的若干意见》，提出了针对 Y 小城市建设的四个方面的意见：①支持"五大中心"（行政审批服务中心、城市综合执法中心、就业保障服务中心、土地储备中心、应急维稳中心)的建设;②提出"四大改革"(推行行政管理体制改革、建立一级财政体制、推进户籍制度改革、开展学前教育体制改革)的推进举措;③明确"三大扶持政策"(强镇扩权政策、专项扶持资金和加大税费扶持政策、强化土地保障政策)的主要内容;④建立"两个组织领导机构"(J县与Y镇联动的小城市培育试点工作协调小组、Y镇小城市培育试点工作领导小组)。

2011 年 10 月 28 日,J 县人民政府办公室下发《关于扩大 Y 镇经济社会管理权限的通知》,主要明确了下放行政审批权和开展综合行政执法两个方面涉及的审批权限下放方面的内容,文件附件中明确下放给 Y 镇的行政审批事项包括县建设局、县计生局、县劳动保障局、县文化局、县盐务局、县民政局、县交通局、县水利局、县卫生局和县农经局 10 个部门的 63 项权限。

县级层面,县委县政府的推进强镇扩权改革工作文件是总体纲领和指导意见,具体工作的开展由其他文件或部门文件明确。J 县文件在涉及 Y 镇发展的关键要素中提到了人员、管理权限、资金和土地 4 个关键字眼,对于审批事项,文件中明确了采用授权、委托、派驻机构、设立窗口、直接交办或协助办理等方式下放审批事项 63 项,包括行政许可事项 51 项、非行政许可事项 10 项、服务类事项 2 项。

4.2　项目审批扩权改革实施过程

项目审批扩权改革主要通过行政审批服务中心建设和开展综合行政执法作用于小城镇发展,这其中行政审批服务是核心,综合行政执法则是能够顺利开展行政审批服务的有效保障。

4.2.1　通过行政审批服务中心建设优化小城镇资源配置

4.2.1.1　Y 镇原有审批权限情况

镇级政府在我国现有的行政管理体系中,主要从事行政区域内的社会管理,在现实的工作中并不具有明确的权限事项目录,从 Y 镇政府职能部门的主要工作内容可以大致看出该级政府原有的审批权限情况。

- 党政办:综合公务管理
- 综治中心:社会治安综合治理
- 司法所:人民调解委员会管理、法治宣传教育
- 农技水利站:农业环境保护、农业技术推广、农机维修培训、动物防疫
- 财政局:本级财政预算编制及调整、财务监督

- 经济服务中心:招商、企业安全生产监督
- 计生办:人口计划生育
- 民情中心:民情民意、基层服务、应急维稳
- 爱卫办:环卫、公厕管理
- 劳保所:劳动保障、医疗/养老/失业保险
- 村建站:村镇规划、村民住宅、公共设施
- 旅游办:旅游发展
- 民政残联:村民委员会、军人、残疾人、救灾等
- 文化站:文化生活、传播媒体管理

Y 镇在扩权改革前主要的工作按照乡镇政府行使的职权大致可分为三类。

(1)乡镇管辖范围内的所有农业生产、技术推广等工作,主要帮助农民顺利开展各项农业生产,保障农事活动顺利开展,这项工作是 Y 镇的主要工作内容。涉及农业设施项目等建设时,Y 镇必须通过 J 县相关部门的许可审批。

(2)保障辖区内的所有居民、村民社会管理工作的进行,主要是协助办理社会保险及劳动保险、居民调解、计划生育等方面的工作,Y 镇职能部门提供相应的信息及办事程序,具体的手续还需要到 J 县行政审批中心办理。

(3)Y 镇经济发展和城镇建设项目工作,该工作对于 Y 镇发展来说具有较大的影响,但在扩权改革前并不是小城镇的工作重点。该类项目的推进首先要和 J 县发展相匹配,通过县发改局、建设局等相关职能部门审批后方能开展。

Y 镇在扩权改革前是服务型政府,主要面向镇区和所辖村庄居民的农业生产和社会生活管理,经济发展、城镇建设等方面的审批权限较少。除县级部门派驻 Y 镇的分局办理审批事项较为便捷外,大部分事项甚至包括农业生产、社会保障等都需要通过 J 县行政审批中心最终确定,Y 镇在行政审批方面的主导性几乎为零。

> 开餐馆主要需要办理的手续是卫生许可证、营业执照,都很方便,只要在镇里办理即可,以前都要到县里去办,现在在镇里办理时间大致一周,很迅速,但还是要到县里去办理健康证,去体检。
>
> ——Y 镇一餐馆 L 先生

4.2.1.2 项目审批权限转移至 Y 镇的过程

县级政府将法律赋予的权力具体化,有较为明确的权限事项目录。2012 年,J 县人民政府总共有行政许可事项 338 项,非行政许可事项 88 项,服务类事项 60 项。

J 县人民政府办公室《关于扩大 Y 镇经济社会管理权限的通知》中明确下放给 Y 镇的行政审批事项有 63 项,其中行政许可事项 51 项、非行政许可事

10 项、服务类事项 2 项。这是对应省政府出台的小城市培育试点文件的实施方案,由 J 县审批中心牵头,与县法制办校核,最终确定下放事项,但由于时间仓促,在整个过程中并未与 Y 镇进行充分沟通,也跳过了很多县级部门,更多的是政令性的任务,文件确定的下放事项并不算数。

此后,审批权限的下放几经反复,最终落地,充分展现了这项工作从文件到具体实施的曲折过程。

2012 年 5 月,鉴于第一稿考虑不够充分,J 县审批中心再次牵头,与县各部门商议将可下放事项全部列出,共 199 项,后与 Y 镇进行对接,与镇各部门、分管领导讨论,最后确定下放事项。确定的依据一是办理量多,二是与老百姓、企业紧密联系,三是有利于推动经济社会发展。但由于事项烦琐,考虑到行政成本高,工作场所要求也高,各部门人员紧、派驻难等原因,最终此次工作也就不了了之了。

2012 年底,在前几次商讨的基础上,Y 镇提出要明确下放事项,县审批中心再次和各部门对接,仍然采用前几次的过程,相互沟通协调,最终由 Y 镇选取了 129 项下放事项。2012 年 9 月 13 日,J 县人民政府办公室印发《关于完善 Y 镇行政服务中心建设意见的通知》,提出下放给 Y 镇行政服务中心的审批服务事项涉及 22 个部门,129 项权限,其中行政许可事项 85 项,非行政许可事项 28 项,服务类事项 14 项,收费类事项 2 项,此后的各项关于审批权限下放的工作都按照这个文件逐步实施(见图 4.1)。图 4.1 中,虚线框内的具体事项代表该事项下放至镇级窗口开展。

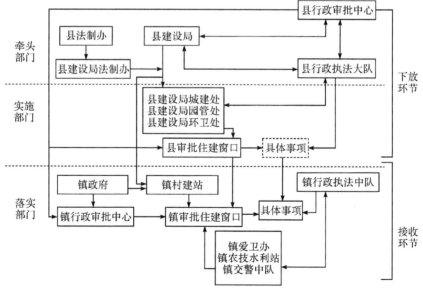

图 4.1　县级建设部门审批权限下放路径

尽管最终文件确定了下放给 Y 镇的审批权限有 129 项,但在镇审批中心开展具体工作并非一帆风顺。以县建设局下放事项为例,2012 年 9 月,文件确定涉及建设局方面的事项共有 36 项,然而由于很多事项的执行主体并非镇级政府,因此 2012 年 12 月 13 日,Y 镇政府、县建设局、县行政执法大队又共同制定了《在 Y 镇建立建设行政审批联动机制的实施方案》,推行新的审批机制,并提出 36 项事项中的 20 项事项适用于该机制。2013 年 1 月,在 20 项事项中选择了先期开展的 6 项作为试点,执行真正的审批工作(详见附录 3)。

4.2.1.3　Y 镇行政审批服务中心建设和运行机制保障

审批权限下放后需要有场地进行集中审批工作,因此 Y 镇投资了 1125 万元新建行政审批服务中心大楼一座,总占地面积 1500 平方米,建筑总面积 3500 平方米,于 2012 年底完工,2013 年初正式启用。

为了保障镇行政审批中心的顺利运行,Y 镇指定一名镇副科级领导为负责人常驻中心,设立 11 个办事窗口,建立与县审批服务中心相连接的网上审批服务网络,拓展网上审批功能,建立健全办事窗口"AB"岗制,实行首问负责制、服务承诺制、代理服务制等制度。

该审批中心主要承担 Y 镇辖区内的行政审批服务职能,负责为企业群众提供各类行政审批、证照办理、公共服务、代办受理、项目代理、业务咨询等便民服务,设立计划生育、社保医保、民政优抚、社区服务、家电下乡等办事窗口。文件确定的审批职能部门均应进驻 Y 镇审批中心设立办事窗口,集中负责本部门的行政审批事项。

镇审批中心的正式工作人员(3 人)由县行政审批服务中心选派,其主要负责人兼任县行政审批服务中心副主任职务,一名工作人员为网络管理员兼做业务工作,另一名工作人员为督查人员兼做综合工作;单设窗口工作人员由入驻单位推荐,分中心审核确定。

截至 2013 年底,全年 Y 镇行政审批中心共受理各类事项 23849 件,全部办结,其中行政许可类事项 1246 件。从具体办理事项类型来看,除工商部门办理事项较多以外(行政许可类事项占到 922 件),其他主要涉及餐饮及计生(142件)、城镇建设(99 件)。然而,其中由于工商部门是 J 县分局直接入驻 Y 镇,并且已经入驻多年,同时行政许可类事项占全部下放 129 项事项中的 45 项,可见 Y 镇行政审批中心在成立的第一年并未收获立竿见影的成效,但是行政审批中心服务于本镇居民的劳动保障、失业援助、社会保险、困难救助等非行政许可事项 2 万多件,方便了本地居民的生活。

Y 镇行政审批服务中心的建设和下放具体审批事项的执行主体更多地依赖于县级审批服务中心和 Y 镇,县级职能部门主要进行工作配合和指导,执行过程中主要以现有的县级审批服务中心作为参考,获得小城镇行政审批服务中心建设现实经验,执行结果方面,当前行政审批服务中心更多的是开展关于小城镇社会管理及保障方面的工作,提升地方政府公共服务质量,方便本地居民办事,但具体下放的事项中体现出的经济建设方面资源的倾斜尚不显著。

4.2.2　通过开展综合行政执法保障小城镇公共服务

Y 镇获得了行政审批权限后,必然要有执法的保障,否则行政许可必然成为一纸空文。

获得综合行政执法的职权以前,Y 镇几乎没有有效的管理,城镇面貌处于一种无序的状态,J 县行政执法大队会不定期至 Y 镇开展综合执法,但由于乡镇和县城距离远,往往是执法大队一走,小城镇管理就又恢复到原来混乱的状态。Y 镇作为当地政府具有现场管理的优势,却因为不具备执法的权限,担忧自身陷入被动境地,所以城镇管理的效果并不理想。

Y 镇中常见的违法行为主要是大型货车超长、超高和超载,这和 Y 镇已有产业的特点相关,很多镇区原有企业依旧以传统制造业为主,大量的货车在镇区往来十分频繁。企业为了节省运输成本,往往对货车的装载不予控制,因此出现很多货物超出标准的问题,不仅给镇区带来了一定安全隐患,同时也对基础设施带来了更大的使用压力。这种车辆超标问题占了 Y 镇中一年违法行为的近七成,带来的负面影响较大,不断有居民向镇政府反映。

此外,镇区还存在肆意张贴广告、随便堆放建筑材料、乱搭临时建筑、商贩无照经营、擅自占用人行道等违法行为,这些都给小城镇的面貌带来了负面影响。然而由于综合行政执法主体并不在 Y 镇,不能有效地及时制止违法行为,即便是现场执法做出了相应的处罚,后续监督效果不佳也往往使违法行为继续发生。

原来镇一级不怎么管理,只负责建造,现在功能越来越多,涉及更多的管理,其中行政执法进来最早。

——Y 镇村建站 G 站长

以前管理的主要对象是县城,乡镇几乎不管理,部门也就临时巡查,管理力度不大,需求也不大。以前的城镇执法管理存在以下一些问题:每个部门配备执法队伍,机构膨胀;每个部门管一个方面,职能分散;集中管理县城,乡镇管不到;管理周期长,不能及时制止。

——Y 镇执法中队队长助理小 F

可见,小城镇必须有执法机构来规范约束相应的内容,各类行政许可的执行甚至还涉及多个部门的协调,构建一个功能相对集中的行政处罚团队,对小城镇进行"就地管理"和"一口径管理",显然十分必要。

在人员编制和配备方面,2013 年 Y 镇有执法人员共计 26 名,其中中队长
1 人,中队长助理 2 人,队员 7 人,其余为协管,在编人员均由县级部门指派,不
占用 Y 镇总体编制,由此也可以看到县级部门对于小城镇在扩权改革方面的支
持力度。Y 镇执法中队工作涉及市容环境卫生管理、城乡规划管理、园林绿化
管理、市政公用管理、工商行政管理和公安交通管理的 418 项执法事项,2011 年
1—11 月共计开展行政处罚 215 次,带来的好处较为明显。

> 人员编制方面,县各个部门人员有精简,小城镇管理更加有序。
>
> ——Y 镇执法中队队长助理小 F

综上,项目审批扩权改革实施过程主要体现在两个方面:①通过行政审批
服务中心的建设,为项目审批权限转移提供实体空间,并在本镇启用项目审批
权,从而更为迅速和有效地配置小城镇资源;②通过开展综合行政执法保障小
城镇公共服务功能,小城镇有了更多的行政审批权限后,还需要有综合行政执
法来保障权限的运行,从而使小城镇发展由无序逐渐向有序转变。

4.3　项目审批扩权现阶段实施状况

4.3.1　项目审批扩权改革总体情况

深入分析 2012 年 9 月 J 县人民政府对 Y 镇下放的 129 项事项及下放整体
过程,从而对本次政策推进过程中审批权限下放的总体情况进行判断。

4.3.1.1　审批权限下放过程及内容

Y 镇接收县级审批权限事项的过程中有反复,最终的权限事项名单也是几
经斟酌。

> 最理想的形式是县审批中心整个复制过来成立分中心,但不现实。
>
> ——Y 镇人大 J 主席

将县审批中心整个复制过来成立分中心不现实的主要原因有:行政成本
高,县级政府尚不会单独建立审批中心在镇一级的分中心;各部门人员编制紧
张,不会增加额外人员配备,也不愿意将本部门人员派驻乡镇。因此,当时在确
定哪些权限可以下放并且 Y 镇愿意接收时确定了主要的依据:①办理量多;
②与老百姓、企业紧密联系;③有利于推动经济社会发展。

将 J 县全部审批权限事项和对 Y 镇下放的审批权限事项数量进行对比(以
行政许可为例),结果如表 4.5 所示。

表 4.5　县级各部门审批权限下放数量对比　　　　　　　　　（单位:个)

部门	县级行政许可	下放行政许可	总下放权限	下放行政许可占县级行政许可比例	部门	县级行政许可	下放行政许可	总下放权限	下放行政许可占县级行政许可比例
发改局	11	4	7	36%	质监局	6	0	1	0%
经信局	5	2	5	40%	公安局	25	0	2	0%
商务局	2	2	4	100%	民政局	5	0	5	0%
国土局	12	7	8	58%	社保局	6	0	6	0%
建设局	56	34	36	61%	交通局	39	5	5	13%
环保局	7	4	5	57%	农经局	13	3	10	23%
人防办	10	0	1	0%	文广局	10	4	6	40%
气象局	3	1	2	33%	卫生局	12	2	4	17%
安监局	6	3	4	50%	计生局	3	2	3	67%
水利局	19	2	2	11%	地税国税局	4	2	4	50%
工商局	12	8	9	67%					

除工商事项以工商分局的形式整体下放外,目前权限下放并且镇级政府有自主权的主要是民政、社保,镇行政审批中心主要承担的是窗口收件的职责,涉及发改、国土、建设等职能的最终审批还是由县里完成。按照县文件中下放行政许可占县级行政许可数量来看,Y 镇目前权限达到县级权限的 1/4 左右(若除去一些 Y 镇不会涉及的事项,则目前权限达到县级权限的 1/3 左右),但根据 Y 镇运作的行政许可数量(其中工商分局 10 项,建设窗口先期 6 项,其他窗口 11 项),其权限连县级权限的 1/10 也不到。

根据下放权限事项是否能够给小城镇带来直接的经济效益或资源来判定该事项"含金量"的高低,从以下几个方面来分析目前下放的内容。

(1)社会管理方面。安全保障性权力如人防、安监、公安等,下放权力少,行政许可几乎不下放;社会保障性权力如民政、社保、计生等,行政许可权力少,下放权力以非行政许可及服务类为主,主要保障民生和社会公平。该部分事项含金量较低,已开展工作占该部分下放数量的 51.7%(分别是 15 项和 29 项)。

(2)经济发展方面。企业发展方面如发改、经信、商务等下放的权限事项,主要针对镇本身发展,可以满足企业基本需求;农业发展方面下放的权限事项也可以满足村镇基本操作需求。两者具有一定实用性。该部分事项含金量较高,已开展工作占该部分下放数量的 23.8%(除去工商 12 项分别是 5 项和 21 项)。

(3)村镇建设方面。除交通、气象涉及县级层面的内容,其余如国土、建设、环保等下放了大部分的行政许可,但实际操作存在困难。该部分事项含金量居中,已开展工作占该部分下放数量 22.9%(分别是 16 项和 70 项)。

在强镇扩权改革推进现阶段,Y 镇仅获得了 J 县权限的 1/3 左右,究其原因,主要是审批权限设置伊始便存在的自身属性与实施主体间的矛盾,体现在以下几个方面:①某些权限事项法律明确了执行主体是县一级,镇级政府不具备相应资格,例如《中华人民共和国城乡规划法》中明确规划审批权限均在县一级,这类权限事项在当前条件下无法下放;②涉及宏观调控、安全保障、区域协调方面的权限县级政府不能下放,例如粮食安全、食品药品、公安人防等权限事项,同时,需要县级政府在整个区域层面规范标准、统筹安排的事项也无法下放;③Y 镇当前城镇发展涉及不多或几乎涉及不到的,例如风景名胜、林业系统、新闻出版等权限事项,即便下放对于 Y 镇来说也无任何作用;④县级部门要保持权威性,权限事项下放是对县级部门原有权限的削弱,因此县级部门尽管要按照文件要求下放权限,但多少会有些对权威流失的顾虑。

> 真正的困难是部门的顾虑:法律法规的顾虑,部门权威也有考虑。
> 审批权限全部下放,权力的边际效应会降低。
>
> ——Y 镇人大 J 主席

即使已经下放了 1/3 左右的权限,但真正在 Y 镇开展实施的权限仅占县级权限的 1/10,这主要是由于乡镇一级自身尚缺乏接收审批权限的能力。一方面,适用于 Y 镇实际情况的权限事项标准尚未制定。很多权限执行的标准均是在县级层面制定的,不能直接用于 Y 镇,例如"城市大型户外广告及建筑物、设施上张贴宣传品等审批",该事项中适用于 J 县人行道的广告牌设定要求不适用于 Y 镇人行道,需要重新设定执行标准。另一方面,Y 镇开展权限事项的硬件条件尚不充分。镇级审批中心场地刚建好后,很多相关手续例如审批的端口仍在申请当中,此外,在窗口办理具体事项的工作人员还需要从镇内招聘、培训,县级部门自身编制数量有限,不愿直接派驻。

> 2013 年 1 月 16 日,镇里村建站和人大进行沟通,讨论审批事项尤其是能够先期开展的一些建设局下放事项,针对目前镇里办事需求量较多的是"户外广告及店招的设置审批",镇领导希望建设局将该事项审批权下放作为突破,开启具体的审批权限下放工作。
>
> 城建镇长、村建站站长及副站长经商讨后,拟参考县建设局对户外广告店招设置审批的程序,但 J 县已编制完成县城广告店招设置专项规划而 Y 镇尚无相关规划,为避免花费时间精力编制专项规划作为审批依据,镇里最终决定参考县城广告店招设置专项规划制定 Y 镇户外广告设施管理暂行办法和户外广告规划及技术导则,从而形成该项审批事项开展的依据。
>
> 2013 年 1 月 30 日,村建站站长及副站长等人再次讨论广告店招设置的镇一级管理办法,但过程中发现存在不少制定标准方面的问题,例如如何设定弹性标准,如何协调技术、审批、监督等相关部门,如何收取费

用等,该事项讨论最终暂停,村建站领导打算与建设局法制科进一步对接。

2013 年 4 月 10 日,镇里召开会议,讨论广告店招设置管理的具体细则,针对镇里的情况,依据县广告管理办法,拟出台管理办法、规划和技术导则三项规定,来指导今后手续的办理。J 县审批中心、镇执法中队、爱卫办、审批中心参加了会议,对管理办法涉及的一些具体内容提出了修改意见,后续完善后再报镇人大通过。

仅户外广告及店招的设置审批一项审批权限的标准制定就耗时约 3 个月,而且是在一些"争议"中推进了审批的实施,反映出了审批权限下放存在的难度。

由于审批权限的主体要求和乡镇接收能力的缺乏等原因,Y 镇审批中心的执行情况为窗口主要是收件,审批视情况而定,多数仍要县级审批,发改、经信、商贸等部门每星期都要派员到 Y 镇审批中心窗口办理事项,国土和社保、合作医疗、工商等直接在 Y 镇办理。

从审批权限下放过程和内容看,整体下放过程反复,下放数量约占县级权限的 1/3,开展执行数量约占县级权限的 1/10,涉及社会管理方面的权限更容易开展,当前政策的"含金量"并不高。

4.3.1.2　审批权限下放的有效性

从小城镇发展的状况来看,审批权限是当前小城镇发展的制约因素之一,但不是主要因素,主要因素还是资源要素如土地、资金和人力,小城镇的快速发展需要这些因素的快速集聚。审批权限可以从一定程度上促进或者带来资源要素的集聚和有效利用。

权力不是当前小城镇发展的主要制约因素,主要制约因素还是土地指标、资金、产业,另外一个需要突破的关键应该是人事。

——S 区发改局 H 局长

审批权限应该不是主要(制约)因素,主要因素还是资源要素:土地和钱,加快产业集聚和人口集聚。

——Y 镇人大 J 主席

应该是不存在县里批不了镇里反而可以批的现象,如果遇到一些自由裁量的内容,目前也是镇里在和县里磨,如果权限到镇里了,倒是可以不用磨,就是对县里的意识可能服从的少了。

——Y 镇村建站 G 站长

在经济高速发展时期,完全依赖法律法规可能难以应对日新月异的变化形势,这时自由裁量权的存在可以避免法规条例的僵化带来的问题(田莉,2007)。但是自由裁量权的滥用,会导致权限作用的放大,尤其是在法制依据不健全的时候,权限的肆意性往往会带来额外的利益。

　　为了防止权限因为自由裁量的存在而失去运作的标准,J 县针对各权限事项还颁布了《行政许可自由裁量权运作规范表》,对每项行政许可标明了实施主体、设定依据、申请条件等运作的规定,关键的是对其中自由裁量权明确了"八定"原则(定性、定式、定标、定量、定序、定额、定时、定期),防止权限在运作过程中出现寻租的可能。

　　2012 年 12 月 13 日,Y 镇体育馆西侧拟出让道路与河道围合的地块,土地农转用手续已经办妥。Y 镇希望能够提高一定的土地指标,从而从拍卖中获得较高的地价,但与县建设局之间产生了对指标的不同看法,问题集中在两个方面。

　　(1)规划用地界线与农转用指标界线之间的矛盾。建设局要求在两者中间选取面积最小的界线,由于农转用指标紧缺,Y 镇不希望指标浪费,因此被迫调整规划用地界线。

　　(2)公共绿地与容积率指标等的矛盾。Y 镇规划总体方案时,县建设局希望在体育馆西侧留出公共绿地的走廊,在农转用指标确认时,公共绿地同样一次性被转出。因此在计算容积率指标时,Y 镇希望转出的公共绿地同样作为总用地的一部分,容积率整体控制在 2.2 左右,南北两个居住地块单独计算时容积率可能在 2.4 左右。建设局则提出,公共绿地不可作为计算容积率指标的一部分,南北两个居住地块要分别计算,容积率各自控制在 2.2 左右,但公共绿地地下空间可以作为地下车库使南北两个地块贯通。最终经方案设计,确定在不将公共绿地作为指标的情况下,各居住用地范围内容积率控制在 2.2 左右。

　　在以上案例中,容积率指标均在《J 县城市规划管理技术规定》中要求的范围内,但是由于对待问题的出发角度不同,县镇之间还是会存在一定的看法不同,同时也由于目前城市规划编制依据不够"强硬",出现了 Y 镇村建站 G 站长所说的"磨",即需要不断地和县建设局相关领导进行交涉。案例中的项目从地块农转用指标出来后,至县建设局开具规划条件,办理时间为 12 月 13—28 日,Y 镇前后共七次到县建设局沟通。可以感受到,如果规划建设用地的许可能够直接由镇级审批,这样的过程似乎根本不会出现,但前提条件是能够有明确的法定城市规划作为指导依据,同时对审批的要求也进一步提高。

　　由此可见,当前权限事项虽然会制约小城镇办事效率的提升,但并非核心要素。

　　以前在县里批不了的,需要县级以上批的,目前仍需县级以上批;原来县里批的,直接放到 Y 镇批,方便了 Y 镇百姓,所有事项的下放与否都得遵从法律法规规定。

　　　　　　　　　　　　　　　　　　　　　　　　——Y 镇人大 J 主席

从审批权限下放的有效性看,权限并非当前制约小城镇发展的核心因素,小城镇尚无法通过权限下放直接获得额外利益。

4.3.1.3　审批权限下放的需求性

Y 镇最需要的是经济类项目批准权(涉及立项、土地、建设等的权力),但目前真正操作的更多是社会管理权(合作医疗、劳动社保、民政残联),国土、工商部门由于是以分局的形式整体入驻 Y 镇,审批事项开展较好。

对于小城镇来说,仅仅城建方面的事项就不止一次地反复。如在技术规定的范围内,容积率有一定的调整空间,这种权限如果能够掌握在小城镇自身手里,势必会给小城镇带来直接的益处。

> 2012 年 10 月 26 日,J 房地产集团拟在 Y 镇开发建设一个占地约60 亩(1 亩≈666.67 平方米)的商业综合体项目,J 县建设局、发改局和消防大队参加了概念性规划设计方案讨论会,会上初定项目用地的绿地率、停车位、建筑退线等技术指标,已突破原有控制性详细规划,但与开发商心仪指标仍有差距。12 月 14 日,完成商业综合体项目选址论证,论证后的规划设计条件与开发商期望值有差距,建筑密度要求下降至 45%,绿地率要求保证 15%,此外还涉及设计方案影响周边地块日照的问题,需要调整方案。

> 2013 年 2 月 28 日,开发商提供修改后方案,建设局初审后要求提供具体的停车位数量信息,包括地面自行车位数量,需再次调整方案。3 月 6 日,修改后的方案存在体量过大,建筑高度超过 80 米,阻挡镇政府视线走廊的问题,依旧需要调整。3 月 15 日,县审批中心建设局窗口提出商业综合体方案建筑设计中底层层高超标问题,要求将层高由设计的 5.5 米调整到 4.5 米,方案依旧没有通过。4 月 10 日,镇村建站与综合体项目负责人再次商谈,讨论了水域报批、农民房拆迁和规划设计条件开具的事项,其间还包括一次停车位方案的具体设计汇报,每一个环节都是制约项目开展的因素。

商业综合体项目对于 Y 镇而言具有十分重要的意义,既能够对城镇商业配套起到有益的补充,同时也能表明扩权改革政策使得 Y 镇较其他乡镇更加显著的吸引力,尽管其中包含了开发商与县建设局之间不断的博弈,建设局也"体谅"式地放宽了对该项目的技术指标控制,但是从项目开始商谈到方案设计的落实,历经半年,修改数稿,最终也未能得到审批通过。

从上述案例中似乎可以看出审批权限下放对于 Y 镇而言应该是十分重要的,然而从与多个具体经办人员的访谈中却得到了相反的看法。

> 镇里也怕权限过大如果没有制约,会出现渎职,至少目前规划也

好,别的权限也好,还没有有用到不顾这一些风险的地步。

——Y镇人大J主席

规划方面的审批一年当中比较少,所以即使上面放下来,我们这里有专业人才,也有可能不会接受。规划审批需要的也不是一两个人,可能是一个团队,所以这项可能还是放在县里。

——Y镇村建站G站长

印章都是压力。

——S镇C副镇长

可见,当前Y镇对于类似规划审批等重要权限的获得愿望并非十分迫切,这主要是因为Y镇缺乏相应的专业人员来操作专业性强的权限事项。Y镇在整体人员编制核定的情况下如果需要更多的专业管理,势必需要增加一定的专业人员,仅仅依靠镇一级人员配置去进行"额外"的专业审批,Y镇显得力不从心。另外,专业性强并且能为城镇带来一定效益的权限对应的专业技术责任也增强,出现渎职等风险的可能性增强,对于镇一级现有的管理人员来说,在已有工作压力的基础上都不太愿意再承担这样的风险。虽然Y镇对一些重要权限有一定需求,但由于办理事项的需求较少,对小城镇发展制约有限,镇一级并不愿意为此而额外进行人员配套。

从审批权限下放的需求性看,小城镇目前因专业人员缺乏等原因对核心权限渴望程度并不高。

4.3.2 项目审批扩权意愿判断

从省出台的文件中可以看出省里对强镇扩权政策执行的意愿很强,文件中多次提到赋予试点镇与县级政府基本相同的经济社会管理权限,原则上赋予中心镇镇域范围内的经济类项目核准、备案权;着重赋予市政设施、市容交通、社会治安、就业社保、户籍管理等方面的社会管理权;加快赋予城市建设管理等方面的行政执法权。小城市试点镇是改革政策的放大版,省里试图通过不断进行试点工作,找到小城镇经济社会管理的理想途径,用机制改革换来新的发展动力,促进小城镇健康快速发展。

从当前下放权限的内容和实际操作来看,县级政府的执行较好地顺应了省政府的意图,采取了很多途径将关系到经济社会发展的一些权限下放至小城镇,也着实开展了具体的工作,收到了一定的效果。但是通过前文分析不难发现,由于存在种种困难,在扩权改革政策的执行过程中还是出现了一些与镇级政府的期望和要求不符的情况,即上层要求与底层操作之间存在意愿错位的情况。

由图4.2可以看出,Y镇在审批权限下放前所有的权限包括社会管理、农业生产、财政管理、经济发展和村镇建设五个方面,具体的审批事项中几乎没有行政许可类事项,多是服务型事项,重点在于对镇一级建成区的社会管理和对村一级的农业生产、农民生活进行保障。

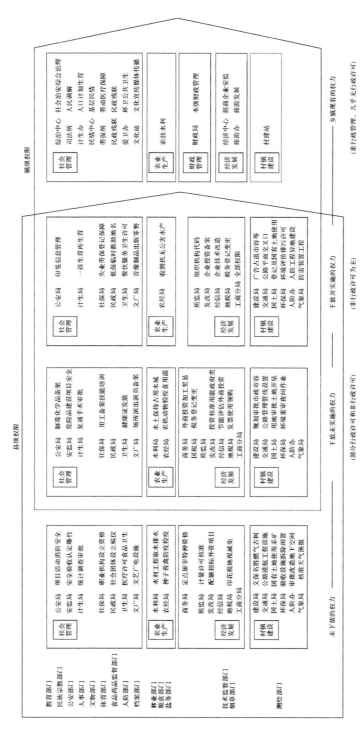

图4.2　Y镇审批权限下放总体情况

审批权限下放的文件颁布后,通过多次反复,最终敲定的下放给镇一级的审批权限是图 4.2 中第二和第三列线框中的内容:第三列的事项为下放并实施的权限,第二列的事项为下放但未实施的权限。对事项具体内容进行研究,可以发现,下放并实施的权限主要以非行政许可为主,而下放未实施的权限中包括了一些重要的行政许可。其中,工商分局、民政局、质监局、人防办和气象局下放的权限都已开展实施。

此外,县级部门未下放的权限主要涉及区域性的标准和审批,教育部门、民族宗教部门、公安部门、人事部门、文物部门等一些与人民生活安全保障息息相关的部门,一项权限都未下放。

总体来说,当前审批权限下放的过程是小城镇由"他管"(县管)向"自管"(镇管)的过渡,要实现自我调节,更加市场化。在这个过程中,城镇社会管理的事项如民政社保等下放执行较好,镇级政府已经完全承接了权限,但并非当务之急;以分局形式下放权限在 Y 镇早已开展,镇级政府也已完全承接;城镇经济、建设相关的事项由于上述种种原因下放不力,或者只能采取部分承接的形式,如建设局先期只开展了 6 项审批事项;对城镇发展涉及较少的事项县级部门的下放意愿反而较好(见图 4.3)。图 4.3 中,实线箭头代表有下放/承接意愿,虚线箭头代表无下放/承接意愿,箭头长短代表下放/承接意愿强弱。于是出现了在整个权限下放过程中县—镇两级政府之间或多或少存在意愿性矛盾的情况,这也从一个角度说明了为何 Y 镇审批权限下放的过程会反复。

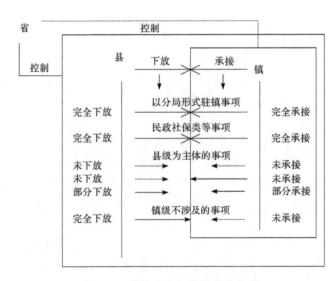

图 4.3　县镇审批权限下放的意愿

县镇之间的意愿矛盾会导致下放不协调的情况出现,例如在小城镇建设用地许可证审批过程中,建设项目的环境评价报告需要环保部门许可,如果这个许可权未下放至镇里,仍然需要去县城完成相关审批而其他建设用地许可手续在镇里已经可以办结,这样会带来办事效率的下降。因此,审批权限的整体下放,是扩权改革需要重视的问题之一。

> 但是目前由于 Y 镇没有一个公安授权的刻章店,所以可能审批时间反而会比 J 县长。
>
> ——Y 镇招商办 X 办事员

4.3.3　项目审批扩权形式与内容的关系评价

2012 年 9 月,《关于完善 Y 镇行政服务中心建设意见的通知》在公布下放审批权限事项的同时明确了三种下放方式:委托、派驻、协办。这些下放方式涉及的县级部门及其相关权限如下。

(1)委托:商务局(加工贸易企业生产能力证明、家电下乡备案)、民政局(地名命名与更名审批、地名标志设置)、社保局(全部事项)、农经局(农田作业拖拉机号牌、行驶证核发,农田作业拖拉机驾驶证核发,联合收割机号牌、行驶证核发,联合收割机跨区作业证核发)、计生局(一孩生育证明审批)。这些权限事项均为非行政许可和服务类事项。

(2)派驻:发改局、经信局、国土局(有国土所)、工商局(分局)、气象局、质监局、地税局、公安局、卫生局。这些权限事项或由分局审批完成,或者办理数量不多,可以由县级部门择时在 Y 镇完成审批。

(3)协办:商务局(外商投资企业设立、变更审批,加工贸易合同审批)、建设局、人防办、安监局、水利局、文广局、交通局的全部事项,计生局、民政局、商务局的部分事项。这些权限事项专业性强且办理数量较多,由县级部门协助 Y 镇完成。

由此可见,审批权限事项下放程度随事项的专业性增加而越来越弱,即不复杂、非行政许可类等事项放权力度会稍大,越是专业性强的事项,放权力度越弱。下放形式与下放事项的实际情况比较吻合,即越难下放的事项采用的下放形式也越保守。即便是目前下放程度最大的形式——委托,也未能实现真正直接下放。

> 主要也是法律规定的问题,这方面和市法制办沟通,请它们做保障。现在各个镇的章都有编号,市里其他各部门都对编号章通行,但是如果要到省里去审批的,市里是"见章换章",母章立刻盖掉。
>
> ——S 区发改局 H 局长

从所有可以考虑到的审批权限下放形式来看,在直接下放尚不可能实现的前提下,任何一种下放形式对于县级主体来说都存在着承担责任的风险,与此同时又要考虑到现行法律法规中对审批事项执行主体的约束。J 县建设局与城市管理行政执法局,结合 Y 镇实际共同采用了一种更为"讨巧"的审批权限下放形式——行政审批联动机制。这种"无奈的先行先试"一是由于建设局自身人员配置缺乏,二是由于建设局希望权力下放力度能够更大些。

　　行政审批联动机制中,由三方联席会议确定适用事项,再由县建设局确定执法标准和依据,Y 镇制定专项规划管理要求、进行人员培训,审批过程中 Y 镇负责申请审查和受理具体事项,县行政执法局 Y 镇中队做出审查和决定。县建设局似乎淡出了整个审批过程,主要起到指导和培训的作用,将更大的责任和权限交给了 Y 镇的行政执法中队。但不管怎样,这样的选择既不能说没有对 Y 镇进行权限下放,又不能说县局在这个过程中只管下放而失去监管,而是同时还完善了行政执法的要求,任何审批都是三方考虑周全的结果,一举多得。

　　　　除了乡村建设许可法律规定可以委托,其他都不可以委托。委托、派驻等下放形式建设局都不同意,因为要增加人员开支,建设局本身人员缺乏。因此目前确定下来采用审批联动机制,最终大部分工作都交予县行政执法局 Y 镇中队。

　　　　　　　　　　　　　　　　　　——J 县建设局法制科 Z 科长

各审批权限下放形式及力度如表 4.6 所示。

表 4.6　审批权限下放形式及力度

形式	责任主体	人员编制	斟处权	办理地点	放权强弱
直接下放	镇	镇	镇	镇	最强
委托审批	镇为主,县为辅	镇	镇为主,县为辅	镇为主,县为辅	强
派驻机构	县	县	县	镇	较弱
协助办理	县	县	县为主,镇为辅	县为主,镇为辅	弱
延伸服务	县	县	县	县	最弱
审批联动	县	县镇同等	县镇同等	镇	较强

可以看到,审批权限下放形式的选择也与权限下放内容存在一定对应关系,越是专业性强的事项下放力度越弱。同时为了进一步降低权限下放过程存在的风险,地方政府还想到了用新的审批机制来推动工作的开展,尽可能地避免与法律法规产生矛盾,不失为一种创新。

4.4　项目审批扩权改革对小城镇发展要素变化的影响及成效评价

小城镇需要拥有更多的审批权限一直是许多专家学者强烈呼吁的议题,当前政府也在采用各种合适的方式不断开展各种试点,推行该项改革政策。从审批权限事项的确定到指定相应的保障措施,再到综合行政执法的配套,尽管这中间可能出现反复、有局限性或者意愿矛盾等一些问题,但继续推进此项工作似乎是众望所归的,在当前阶段可以对审批权限下放对小城镇发展要素带来的变化有个大致了解。

项目审批扩权改革如果能够按照强镇扩权改革的要求全面开展,能够对小城镇各发展要素带来较大的影响,然而正如前面章节论述的,现阶段项目审批扩权的实施并非十分彻底:审批权限并非限制当前 Y 镇发展的主要因素,Y 镇由于自身专业人员缺乏等原因对获得重要权限的需求性并不大,真正具有的权限仅占县级权限的 1/10 左右,并且以社会管理方面的权限为主,这表明了县镇两级政府在权限对接方面存在一定的意愿错位。因此,项目审批扩权总体上对小城镇发展要素的影响未达到预期水平。

4.4.1　行政成本降低,办事时间有一定节省

J 县行政审批服务中心于 2012 年 7 月颁布了《关于印发〈生产性、非生产性项目审批流程图〉的通知》,使各镇、街道更加明确行政审批服务工作流程,以及涉企收费情况,以在招商引资和项目报批工作中参考。该通知包括了新增用地政府投资项目、外商投资项目、生产性投资项目备案,生产性投资项目核准和非生产性投资项目备案五个方面的审批流程。对于 Y 镇而言,遇到最多的审批项目是内资的新建企业项目审批,即新增用地生产性投资项目备案。

将整个新增用地生产性投资项目备案流程及办理时间表示出来,从而对一个新项目从立项到最后竣工(不含建设工期)的办理情况有个较为直观的了解。

(1)项目设立审批阶段:工商名称预审(1 日)+联合审批(5 日)+规划条件选址(5 日)+土地挂牌(30 日)+缴纳出让金(5 日)+经信备案(1 日)+环评(30 日)+环评审批(5 日)——共计耗时约 85 日。

(2)项目建设规划办理阶段:总平面审查(8 日)+用地规划许可证(8 日)+施工图设计(30 日)+节能评审(20 日)+工程规划许可证(2 日)——共计耗时约 70 日。

(3)项目施工许可阶段:消防安全审查(20 日)+招投标确定施工单位(30 日)+工程质量监督备案(2 日)+消防设计备案(30 日)+工程施工许可(2 日)——共计耗时约 85 日。

(4)项目竣工验收阶段:消防验收备案(30 日)+规划确认(12 日)+房屋验收备案(3 日)+综合验收(3 日)+申领土地房屋权证(18 日)——共计耗时约 65 日。

审批事项办理过程相当烦琐,涉及发改、工商、公安、国土、质监、税务、住建、经信、安监、环保等十多个部门,每个部门在办理过程中都需要相关前置手续办理完备,收取相关的材料。各办理环节又多存在先后关系,需要一步步办

年仅社保和劳保两类事项共计办理 2.15 万件,这些居民不需要往返于县城与镇之间,可以节约至少半天时间,若按照人均小时收入为 30 元计算,则仅此一项带来的时间效益就可以高达 200 多万元。

> 企业养老保险等本来要到县里去办,现在企业直接在镇里办,方便老百姓和企业。
>
> ——S 县发改局 K 科长

> 审批带来的好处主要是不用去县里再跑,尤其是社保之类的,上了岁数的人员不用太麻烦。
>
> ——S 县 P 镇县规划分局 D 局长

> 从民生角度看不算人员额外增加,服务了老百姓,县里减轻了负担,工作量少了,可以加快办理其他乡镇事项,好的话总体效率提高了20%～50%。
>
> ——Y 镇审批中心 Z 主任

在小城镇管理方面,小城镇从原来的不管状态到如今进行法制管理,城镇建设、人员保障、社会安全等方面都走入规范的程序,本地居民感到生活更加有保障,归属感也进一步增强。

开展综合行政执法后,小城镇的管理更加突出公共安全监管、市场秩序监管和人口资源环境监管领域,在直接关系民生的企业安全生产、道路交通安全、食品药品安全、环境保护等领域都有了执法单位作为强有力的监管保障,小城镇也从原来相对无序的发展走上科学正规的道路。此外,通过开展行政执法,发挥法律服务、法制导向的作用,促进本地居民日常行为的法制化,突出管理的法制绩效,逐步督促居民由他管转变为自管,整体提高小城镇的居民素质。通过本地居民的示范引领,带动外来人员融入当地和增强对当地的归属感,使得小城镇的活力释放出来。

对于 Y 镇而言,项目审批扩权对于公共服务质量的提升某种程度上比较难以量化,但是社会管理服务方面的事项办理越发便捷,本镇居民的自豪感也随之增加,对本镇今后的发展前景也更加看好。在强镇扩权改革推进过程中,尤其是镇内居民可以更多地在本镇办理社会管理事项而不需要往返于县城与镇之间,使得其归属感进一步增强,这在与当地居民的访谈中能够较为明显地感受到。

> 权力下放,镇里可以提高对企业员工的保障,对于稳定员工、直接协调企业与员工之间的问题有好处。
>
> ——Y 企业 F 行政助理

> 开餐馆主要需要办理的手续是卫生许可证、营业执照,都很方便,

只要在镇里办理即可,以前都要到县里去办,现在时间大致一周,很迅速,健康证还是要到县里去办理,去体检。目前感觉 Y 镇还是很有发展前途的,这里治安也比温州要好,如果生意还不错的话以后会考虑在这里常住,也会考虑在 Y 镇买房子。

——Y 镇一餐馆 L 先生

儿子女儿都在 Y 镇打工,2006 年左右来 Y 镇就买了当地的第一个楼盘江南春天,总价 20 多万,这些年感觉 Y 镇发展很快,以前核心地带都在老镇区,江南春天周围就一条马路,现在都已经开发建成。

——Y 镇一餐馆 W 女士

不清楚省里小城市的政策。如果说政策的影响,那就是经济发展了,现在七八十岁的老人一天也可以在镇上赚五六十元,车子也比以前多了,说明 Y 镇的确发展了,Y 镇本地人愿意在本地赚钱,很少有人出去。(Y 镇人)主要依靠农业赚钱,再有就是本地服务业。以前自己靠织毛衣赚钱,一年一两万元,现在开理发店,一年五六万元,主要是外地人理发多,也说明 Y 镇发展了。房价现在涨得厉害,一平方米要5000 多元,店面租金每年涨,现在一年要 1.2 万元,位置好的地方要四五万元,甚至高于县城。要是政策执行了,办事都在 Y 镇,当然是好事,会方便很多,不用跑县里了。

——Y 镇 S 女士

4.4.3　项目审批扩权对其他因素的影响

项目审批扩权主要通过节省行政成本和提升小城镇的公共服务质量来对小城镇发展要素产生影响,主要包括提升企业办事效率和小城镇公众归属感两个方面。

项目审批权限下放的最初目的包括将原有烦琐的企业办事流程能够尽量在镇内简化,从而进一步激发企业在小城镇的集聚积极性,缩短各类企业从投资意向到效益产生的建成周期,加速体现市场效率,通过市场的集聚效应吸引优秀企业来到本地区。

然而,在前面论述过程中也可以看到,当前阶段 J 县对 Y 镇的项目审批权限并没有按照改革政策意图全面下放,下放过程中的一些原因导致目前的下放并不够彻底,开展实施的权限数量较为有限,县城与小城镇权力交接过程也存在一定的意愿错位……这些都使得审批权限与市场中企业审批环节的衔接尚不够完全。在调研的过程中能够清楚感受到,Y 镇的企业当前落户或者选择当地的主要原因是看好前些年 Y 镇的发展,包括看好已有企业集聚的类型,自身今后发展的可能性,与审批权限是否下放并无直接联系。倒是 Y 镇已经建成的一些企业由于要开展技改等建设,与本镇项目审批联系更多,在这个过程中初步体会到了办事较以往更为便捷。

> Y 镇支持企业办事的力度还是比较大的,办事能尽快完成。对于 Y 企业这种已经建设完成的企业,目前主要涉及的是项目新增、分公司新增、营业范围增大,镇里一对一服务……政府政策优越,在招商引资环节肯定有优势,企业在选择投资地点的时候,在同等其他条件(地价、交通等)下,必定选择有权力下放的镇,随后再带动其他新企业进驻,逐步形成示范和榜样效应。
>
> ——Y 企业 F 行政助理
>
> 目前 Y 镇权力下放还未进行到位,因此企业办事还要到县经信局等部门。总的来说,权力下放会给企业前期办事、后期技术改进扩建等带来便捷,速度大大加快。
>
> 企业项目审批往往涉及部门比较多,在县里统一组织会有一定难度,如果权力下放至镇里,将会方便评估以及部门间沟通,但同样可能存在一些灰色地带问题(如项目指标)。
>
> ——Y 镇招商部 Q 主任

Y 镇的本地居民对强镇扩权改革政策的具体执行内容不了解,甚至并不知晓,但对于 Y 镇的经济发展体会却较为直接。由于本地企业集聚发展的状况较好,会带来一定外地人口的集聚,人口的增加也会带动小城镇各方面的发展。由此可见,项目审批扩权对小城镇发展要素的积极影响在当前阶段已经开始初步体现出来。

> 从小一直在 Y 镇,从未离开过,看着 Y 镇发展壮大。以前就只有 H 路片区(老镇区),镇区发展甚至不如 D 镇,但是最近四五年,(Y 镇)发展十分迅速,镇区扩大了很多,外地人也来了很多。
>
> ——Y 镇 S 女士

第5章 Y镇财政管理扩权

钱的确多多少少比以前有一些了,能够做些别的事情,比如城镇
建设方面的事,这对Y镇来说肯定是好事。

——Y镇财政局W局长

5.1 财政管理扩权政策梳理

5.1.1 省级政策解读

与县—镇财政管理扩权相关的主要省级文件中的具体指引有以下几点。

(1)2007年4月10日,《浙江省人民政府关于加快推进中心镇培育工程的若干意见》(浙政发〔2007〕13号)出台。

按照分税制的要求和财权事权一致、因地制宜、分类指导的原则,进一步完善中心镇财政体制,使之更加适应中心镇培育和壮大的需要。

在中心镇范围内收取的规费和土地出让金,除规定上缴中央部分外,地方留成部分向中心镇倾斜。财政部门要强化监督、专款专用。

省级有关部门要整合各类专项资金,合力支持培育中心镇。中心镇符合条件的产业、社会事业和基础设施建设项目,优先列入各级政府的重点工程,并安排一定的专项资金给予支持。金融机构要创新信贷品种、拓宽服务领域,采取多种扶持措施,加大对中心镇的信贷扶持力度;在中心镇吸收的储蓄存款原则上按照规定的存贷比投放中心镇。

积极培育自然人、企业法人或社团法人发起的小额贷款组织、担保机构,加强对中小企业和农民创业的融资服务。

其中,关键词为分税制,规费,土地出让金,地方留成,专项资金,小额贷款。

(2)2010 年 10 月 11 日,《中共浙江省委办公厅　浙江省人民政府办公厅关于进一步加快中心镇发展和改革的若干意见》(浙委办〔2010〕115 号)出台。

> 按照分税制财政体制的总体要求,建立和完善有利于中心镇发展的财政体制。合理划分县(市、区)与中心镇的事权,按照财权与事权相匹配的原则,进一步理顺县(市、区)与中心镇的财力分配关系,实现财力适度向中心镇倾斜,促进中心镇经济社会发展和小城市培育。建立和完善规费优惠激励机制,鼓励市、县(市、区)将中心镇土地出让金净收益留成部分返还用于中心镇建设,将在中心镇征收的城镇基础设施配套费全额留镇使用,其他规费除按规定上缴中央和省以外,原则上留给中心镇使用。各级政府应建立支持中心镇基础设施建设、重大产业和公益事业发展的投入机制,支持有条件的中心镇设立创业投资引导基金,支持符合条件的重点建设项目发行企业债券。

加快发展多元化的新型农村金融组织,鼓励金融机构在中心镇设立分支机构,支持具备条件的中心镇设立村镇银行和小额贷款公司。积极推进农村金融产品创新,推广小额信用、联户担保等信贷产品,支持中心镇开展农村住房产权、土地承包经营权抵押融资。

其中,关键词为分税制,规费,土地出让金,留成,村镇银行,小额贷款。

2007 年和 2010 年的省级文件中,对于中心镇发展过程中的财政体制并未做出明确的规定,这是因为基于我国分税制前提下的省—县—镇分级税收很大程度上取决于国家的分成比例,在现有能够支配的财政收入有限的情况下,不仅是县级政府,实际上省级政府对下级地方政府的财政分配都没有绝对的把握,因此对于具体的分成比例,省级政府的文件并不做出具体的规定,希望各县级政府因地制宜,根据自身已有的财政体制进行合理调配。

土地出让金从 2007 年政策要求的"倾斜"到 2010 年的"返还",措辞的改变似乎也标志着省里对中心镇支持力度的加大。但随着国家土地出让政策越发紧缩,以往被各地方政府看作重要收入的土地出让金也可能不会成为制约城镇发展的重要因素。

此外,政策还鼓励在中心镇设立小额贷款公司,希望更为便捷、迅速地满足中小企业、个体工商户的资金需求,为当地的经济快速发展提供有力的资金保障。

总体上看,上述两个省级文件在财政管理方面从税费、规费、土地出让金、项目投入、小额贷款方面做出了说明,多为鼓励、支持性的内容,文件前后并没有太多变化和推进,对小城镇扩大的财政方面的权限进行了原则性规定,但未提出具体的执行标准。在实际操作过程中,这样的政策对小城镇产生的影响究竟会有多大,暂时不能从文件中直观体会。

(3)2010 年 12 月 21 日,《浙江省人民政府办公厅关于开展小城市培育试点的通知》(浙政办发〔2010〕162 号)出台。

加强对试点镇的金融服务,加大对试点镇的信贷支持。鼓励金融机构到试点镇设立分支机构,支持有条件的试点镇设立村镇银行和小额贷款公司。

按照分税制财政体制的总体要求,合理划分县(市、区)与试点镇的事权。按照财权与事权相匹配的原则,进一步理顺县(市、区)与试点镇的财力分配关系,建立试点镇政策倾斜、设有金库的一级财政体制,实现财力分配向试点镇倾斜,促进小城市培育。

鼓励县(市、区)政府对在试点镇新办的大型商贸企业,自营业当年度起,实行房产税、城镇土地使用税、企业所得税地方分成部分按收入级次三年内予以全额拨补;对在试点镇新办的金融保险企业,自营业当年度起,实行交纳的营业税按收入级次三年内予以拨补50%。试点镇土地出让净收益市、县(市、区)留成部分和在试点镇征收的城镇基础设施配套费,全额返还用于试点镇建设。

省政府从 2010 年起建立每年 10 亿元的省小城市培育试点专项资金(暂定三年),用于试点镇的基础设施、社会事业、产业功能区、技术创新和人才集聚服务平台、公共服务平台、规划编制及体制机制创新等项目的补助。各市、县(市、区)也应建立小城市培育试点专项资金,支持试点镇加快建设发展。

其中,关键词为小额贷款,分税制,金库,拨补,10 亿元,专项资金。

与前两次文件中对财政管理方面做出的要求相比,小城市培育试点镇的优势主要体现在两个方面:①明确了商贸企业、金融保险企业相关税收实现全额或半额补助;②明确了省政府每年划拨 10 亿元作为试点镇的专项资金,一般规模的试点镇能够直接获得每年 4000 万元的专项资金,规模较大的镇能够再多得 1000 万元。从这两个方面获得的资金将主要用于小城镇的公共服务设施、投资项目等的建设。此外,文件中要求的各市县要建立培育试点的专项资金,是对地方政府提出了要求,需要地方政府依据自身能力落实具体实施方案。

5.1.2　县(市)级政策解读

J 县人民政府于 2011 年 2 月 25 日颁布《关于加快推进 Y 小城市培育试点工作的若干意见》,在财政管理扩权方面,提出了在 Y 镇的具体实施办法。

建立一级财政体制。以 2008 年为基期年,额定基数 10054 万元,超收分成比例 100%,金库建立时间 2013 年。

建立专项扶持资金和加大税费扶持。专项扶持资金建立时间 2011 年,暂定 3 年,年 12000 万元。税费返还机制建立时间 2011 年:一是给予大型商贸企业、金融保险企业等营业税、基础设施配套费等税费地方留成部分按收入级次返还比例 100% 的支持;二是县级行政事业单位在 Y 镇内按国家行政事业性收费及基金收入给予 100% 支持。

这一文件更多地针对省政府小城市培育试点镇开展工作的实施办法,因此对文件中一些具体内容还需要分部门进行细化和确认,从而能够真正实施和开展工作。于是,2011 年 10 月 28 日,J 县人民政府办公室下发《关于进一步完善县与 Y 镇财政管理体制的通知》,文件由县财政局负责解释,提出了对 Y 镇实行"划分收支、核定基数、超收分成、短收赔补"的财政管理体制,以 2010 年收入实绩为基数,超基数地方留成部分按 100% 比例分成,完不成基数的,其短收部分按同比例赔补。此外,对于财政收支其他方面的内容,文件中有以下规定。

对在 Y 镇新办大型商贸企业的房产税、城镇土地使用税、企业所得税和新办金融保险企业的营业税实行单列结算,不参与超收分成。对新办大型商贸企业,自营业当年起,实行房产税、城镇土地使用税、企业所得税地方分成部分按收入级次三年内予以全额拨补;新办金融企业,自营业当年度起,实行交纳的营业税按收入级次三年内予以拨补 50%。

土地出让金净收益部分按 100% 返回 Y 镇。

县委、县政府制定的各项财政贴息、扶持、奖励政策资金的兑现,相应由 Y 镇全额承担,同时承担相应的重点社会事业发展支出。

《关于进一步完善县与 Y 镇财政管理体制的通知》中关于财政管理体制的规定是核心内容,简单的四句话明确了县级政府和 Y 镇之间财政收入的比例关系,尤其是对基数的核定,对于 Y 镇今后经济发展的积极性有极大的刺激作用。此外,文件提出税费和土地出让金的返还,也是对 Y 镇财政收入的额外支持。这些规定是在强镇扩权改革政策出台后,县级政府在财政管理体制方面对小城镇的一种支持,与原有财政管理体制有了明显区别,这些内容势必会给小城镇带来资源要素尤其是资金方面的变化,为让小城镇有能力去开展其他方面的工作奠定一定的基础。

5.2 当前小城镇财政体制状况

5.2.1 分税制使得乡镇财政收入仅够维持基本公共服务

1983 年 10 月,我国发布了《中共中央国务院关于实行政社分开,建立乡政府的通知》,明确规定:"随着乡政府的建立,应当建立乡一级财政和相应的预决算制度,明确收入来源和开支范围"。1985 年 4 月,财政部颁发了《乡(镇)财政管理试行办法》,明确规定了乡镇财政工作的管理原则、任务及收支范围划分、管理体制和职责范围以及组织机构等方面的问题,为建立乡镇财政提供了法律依据,从此我国乡镇财政建设进入了一个崭新的历史时期,之后全国乡镇财政普遍建立。

1985—1993 年,我国实行的是包干制的财政管理体制,简单地说就是地方年度预算收支指标经中央核定后,由地方包干负责完成,超支不补,结余利用,地方自求平衡。这样的财政管理体制赋予了地方政府更多的自主权,充分调动了地方各级政府当家理财的积极性(刘伟,2005)。至 1994 年,为了拯救极端脆弱的中央财政和国家财力,避免地方产业结构日益趋同(吴勇波,2008;张红程,2005;张万利,2013;张丽丽,2009),国务院最终实行了分税制的财政管理体制。分税制的核心内容是按照中央与地方政府的事权划分,合理确定各级政府财政的支出范围,并将税种统一划分为中央税、地方税和中央地方共享税,分设中央与地方两套税务机构,在核定地方收支数额的基础上实行对地方的税收返还和转移支付制度。这其中比较重要的税种如增值税,中央与地方的分成比例是 3∶1,企业和个人所得税中央与地方的分成比例是 3∶2,地方政府主要税种为营业税。分税制财政管理体制改革为初步建立适应我国社会主义市场经济体制要求的公共财政框架发挥了重要作用,从进一步建立公共财政体系的要求来看,这种分税制尚属于一种不彻底的分税制(吴勇波,2008),依旧存在着中央—地方政府权力关系不规范、事权财权责任不明确、地方税收立法权缺位、转移支付制度不规范等核心问题(吴勇波,2008;张红程,2005;张万利,2013;张丽丽,2009;朱忠明,2004)。此外,我国税收权限高度地集中于中央,几乎所有地方税的税法、条例,以及大多数税种的实施细则,都由中央制定和颁布,地方只有征收管理权限及制定一些具体的征管办法和补充措施的权限。对于乡镇一级地方政府而言,分税制带来的最显著的影响就是通过省、市、县的层层集中调控,最后划分给乡镇财政的收入基本上只剩下农业"四税"的一部分和工商税中的一些零散税种,缺乏对乡镇财政起支柱作用的主体税种,致使乡镇财政运行在短期内面临着比较大的困境(朱忠明,2004)。农村税费改革后,一方面随着屠宰税、农业特产税的取消和农业税的逐步减免,多数乡镇尤其是农业乡镇的预算内财政收入受到较大冲击;另一方面,乡统筹费、农村教育集资等自筹资金的取消使得乡镇制度外财政收入也大大减少(李普亮,2005)。

以 Y 镇为例,2009 年地方税收总收入为 19804 万元,而国地税抽走后地方财政收入为 8198 万元,后再和县分成后自身结算数仅为 2048 万元,这其中还包含了 1814 万元的支出基数。可见,乡镇一级的地方政府财政在分税制实施后的确成了一种"吃饭财政"。

5.2.2 转移支付不力使得乡镇财政改善乏力

1994 年分税制改革后,我国于 1995 年出台了《过渡期财政转移支付办法》,提出逐步建立转移支付体系。财政转移支付制度是在分税制中大量地方营业税、增值税归中央调控后,中央能够有更多集中的财力进行财政支出结构调整,促进欠发达地区社会经济的发展,提高全国范围内公共服务水平,保障各地发展相对均等化的一种有力手段,实际上是财政资金在各级政府间的收入再分配形式,体现了各级政府间财政资金再分配中形成的一种内在要求(肖加元,2005)。

我国的转移支付包括税收返还、体制补助、专项补助和财力性转移支付,其中财力性转移支付又包括一般性转移支付、民族地区转移支付、调整工资转移支付、农村税费改革转移支付等(张丽丽,2009)。从分税制实施后中央对地方转移支付的资金来看,每年有近 70% 的中央收入通过转移支付又返回到了各级地方政府,这中间专项拨款补助占了较大的比重,中央政府采用这种办法帮助地方落实国务院重大决策,支持地方基础设施建设、工资发放和社会保障需要。

我国转移支付制度实际上是原有体制的延续,不可避免地带有原体制的某些缺点,主要体现在以下几点:①事权界定不清导致的政府间责任模糊;②缺乏有效的约束和监督机制导致专项资金使用不规范;③支付的形式和结构不尽合理导致地方政府间公平性和积极性的消失(吴勇波,2008;张万利,2013;张丽丽,2009;肖加元,2005)。

> Y 镇现在一年的税收合计差不多接近 5 亿元,说明对本地资源的利用达到 5 亿元的强度,但是最后政府能够拿到的返回镇里的资金就 1.2 亿元,根本无法补偿多消耗的资源。另外像 Y 镇这样东部的乡

镇,国家的转移支付几乎是享受不到的,所以在目前的财政体制下乡镇发展的难度是很大的。

——Y 镇财政局 W 局长

我国地方政府财政收入的总体构成如表 5.1 所示,其中税收收入是主要的收入来源,但税收收入中主要的增值税和所得税中的大部分按分税制设定的比例由中央获得,即便是按 25% 和 40% 的比例留给地方政府,还要在各级政府之间分配,于是,很多地方寄财政收入的希望于中央转移支付。然而,我国转移支付制度建设的滞后性使得补偿乡镇因税费上缴和农村税费改革而净减少的财政收入这一举措的实效大打折扣,与此同时,乡镇财政支出呈现较强的刚性特征,乡镇财政收支矛盾加剧(李普亮,2005)。

表 5.1　我国地方政府财政收入构成

分类	具体组成
税收收入	增值税(25%)、企业所得税(40%)、个人所得税(40%)、营业税、城市维护建设税、契税等主要税种和其他税种
中央转移支付	税收返还
	一般性转移支付(财力性转移支付)
	专项转移支付
非税收收入	行政事业性收费(在《2008 年全国性及中央部门和单位行政事业性收费项目目录》的 236 个项目中,有 141 个项目与地方财政相关或全部归于地方财政,除此之外,各地政府还出台了有种类行政事业收费项目)
	专项收入(排污费、水资源费、教育费附加等)
	罚没收入
	政府性基金
	国有资本经营收入(地方国有企业上缴利润)
	国有资产与国有资源有偿使用收入
	其他非税收收入,如彩票公益金、以政府名义接受的捐赠收入、政府财政资金产生的利息收入、行政许可收入
债务收入	直接债务收入
	间接债务收入:主要是城投公司负债
其他收入	制度外基金、制度外收费、制度外集资摊派、制度外罚没和"小金库"等

表 5.4　2009—2012 年 Y 镇财政收入情况比较　　　（单位：万元）

收入		2009 年	2010 年	2011 年	2012 年
税收收入	地税合计	6251.0	8702.0	13040.1	10842.5
	国税合计	13553.1	20341.9	34340.3	35194.0
	合计	19804.1	29043.9	47380.4	46036.5
地方财政收入实绩		8197.7	12852.2	19186.0	18163.9
收入基数		10054.0	8198.0	12852.0	12852.0
超基数部分		−1856.3	4654.2	6334.0	5311.9
超收分成数		−1039.6	2606.4	5067.2	4249.6
2011 年支出基数		1814.0	1814.0	1814.0	1814.0
专项补助		1242.5	347.1	7443.4	6651.0
上解省市承担数		—	—	2248.2	—
结算数		2047.6	4944.7	12076.3	11336.0

数据来源：Y 镇财政分局。

2010 年和 2011 年是强镇扩权改革政策实施前后两年。从表 5.4 中可以看到，从 2011 年开始，Y 镇的收入基数以 2010 年的收入实绩为准不再变化，只要每年能够超过这个基数，Y 镇就能够得到大部分的收益，并且从 2011 年和 2012 年的发展状况来看，Y 镇有保证每年完成 2010 年经济任务的实力。

对于 Y 镇最终财政的结算数需要从两个方面来看待政策带来的效果：①专项补助是通过改革政策实施后多出的部分，在后续论述中会单独分析；②政策通过财政体制的改变使 Y 镇真正获得的多出分成部分需要明确表示出来。

2011 年超过基数后的部分除去省里占比 20% 外，县里的 30% 不再提走，这部分收入是 Y 镇在新的财政体制下多获得的部分（2011 年约 1500 万元，2012 年约 1300 万元）。

显然，新的财政体制使得 Y 镇每年的超收分成比例由原来的 56% 提高到 80%，2011 年和 2012 年均增加了 1000 多万元的财政收入。由于专项补助的大量增加，Y 镇最终可用财力占财税总收入比例从 15% 左右上升至 25% 左右。此外，由于收入基数不变，Y 镇没有收入增长的压力，只要能超过 2010 年的收入基数就不需赔补，这更加激发了 Y 镇的积极性，超出基数的部分势必会为县里留镇的产值带来更多的效益。另外，收入基数的确定也对 Y 镇每年财政收入的净收益提供了一定的保障。对于 Y 镇而言，其发展在新的财政管理体制下获得了制度上一定的保障，在增收方面会较以往有更大的积极性，增收的资金对 Y 镇的发展也会起到较为重要的影响。

5.3.2　通过税费优惠和支持为小城镇带来更多发展收益

扩权改革政策中提出"商贸、金融相关税不参与超收分成,三年内全额或50%拨补,土地收益 100%返还,包括工业、经营性土地",即对 Y 镇的相关税费和土地收益进行返还。

Y 镇目前经营性土地出让费用为 200 万元/亩,土地征迁补偿费用大致为45 万元/亩,土地周边清理及配套基础设施投资大致为 40 万元/亩,除去其他相关税费等费用后,一亩土地净收益约为 90 万元,按照原有县镇土地收益三七比例分成,一亩土地镇里能够获益约 65 万元,剩余约 25 万元由县里抽取。

2011 年,Y 镇经营性土地出让面积大约为 50 亩,总的基金专项补助约为4400 万元,县里不再进行土地收益的分成,则 Y 镇一年能够在土地出让金收益方面多获得约 1000 万元的资金。

> 土地收益方面,2008 年至 2012 年四年比原来多了税费返还大概4000 万元。
>
> ——Y 镇财政局 W 局长

> 土地出让部分,Y 镇全部返还,中心镇二八开,G 镇三七开,退二进三项目 100%返还,因此土地开发拍卖 100 万元,到手 28 万元。
>
> ——G 镇 M 副镇长

> 土地出让金与县是三七分成,但是目前靠土地财政的趋势开始弱下来,去年拍卖不景气,最高 230 万元一亩估计难以维持。
>
> ——T 镇村建站 X 站长

> 土地出让金方面,X 镇 100 万元出让土地,最终到手大概 40 多万元,与县里七三分成。
>
> ——X 镇城建办 S 主任

以往,Y 镇会与县级政府分成经营性收入和土地收益中的税收部分,尽管镇里能够获得较多的土地收益,但并不是全部的收益。在当前土地出让对于地方政府仍然具有财政补充作用的背景下,税费优惠及收益返还会给小城镇带来收益方面的增加,不仅能够进一步充实乡镇财政实力,还能提升乡镇经济发展的积极性。

5.3.3　通过财政补助直接赋予小城镇可支配的资金

《浙江省人民政府办公厅关于开展小城市培育试点的通知》(浙政办发〔2010〕162 号)中明确"省政府从 2010 年起建立每年 10 亿元的省小城市培育试点专项资金(暂定三年),用于试点镇的基础设施、社会事业、产业功能区、技术创新和人才集聚服务平台、公共服务平台、规划编制及体制机制创新等项目的补助"，还强调"各市、县（市、区）也应建立小城市培育试点专项资金，支持试点镇加快建设发展"。在具体的操作中，Y 镇每年会获得省专项补助 4000 万元，县专项补助按照 1∶3 配套，即补助 1.2 亿元。

2011 年和 2012 年 Y 镇得到县专项补助资金后，具体使用情况如表 5.5和 5.6 所示。

表 5.5　2011 年 Y 镇县专项补助资金使用情况 （单位：万元）

2011 年项目	金额
Y 镇文体展览中心	1500.00
Y 镇小学改扩建工程项目资金	445.90
财政所、一站式服务综合用房	400.00
人防备用指挥中心	500.00
城乡统筹一体化农民安置房	9340.95
合　计	12186.85

数据来源：Y 镇财政分局。

表 5.6　2012 年 Y 镇县专项补助资金使用情况 （单位：万元）

2012 年项目	金额
Y 镇医院项目	700.00
Y 镇文体展览中心	1000.00
公路改建工程一期项目	10400.00
人防备用指挥中心	1000.00
城乡统筹一体化农民安置房	116.00
合　计	13216.00

数据来源：Y 镇财政分局。

由表 5.5 和表 5.6 可以看出，2011 年、2012 年 J 县分别给予 Y 镇 1.22 亿元、1.32 亿元用于镇区公共服务设施建设，其中 2012 年因 Y 镇上年小城市培育工作考核优秀，省政府予以奖励 400 万元，J 县对应按 1∶3 配套奖励，因此在原有 1.2 亿元基础上增加 1200 万元。

然而，从 Y 镇 2009—2012 年乡镇财政体制结算单（见表 5.7）中可以看出，县级政府上述专项补助资金并没有全部以现金的形式进入 Y 镇。

表 5.7　2009—2012 年 Y 镇县入账专项补助资金来源情况　　（单位：万元）

年份	总计	主要涉及面
2009	1242.51	工业转型升级（500）、市级项目（350）
2010	347.13	农业（244）
2011	7270.04	小城市培育（5000）、市级项目（1061）
2012	6650.98	小城市培育（5400）、农业（1023）

数据来源：Y 镇财政分局。
注：括号内为当年 Y 镇财政收支中补助资金额度。

由表 5.7 可以发现，2009 年和 2010 年 Y 镇的专项补助资金较少，资金来源主要是专项政策中的上级政府补助，除工业、市级项目和农业管理奖励外，其余的补助资金如基础文化奖励、农村社区服务中心建设等项目的补助非常少；另外一个来源就是各项工作目标完成的考核奖励（2009 年为 170 万元，2010 年为 90 万元）。2011 年和 2012 年的专项补助资金比前两年高出 6000 万元左右，有较大的改观，但从资金来源的细则中可以发现，小城市培育的配套资金占据了很大部分，都超过了 5000 万元，这笔资金的自由支配度最高，即 Y 镇完全可以依据自身城镇建设的需要调配这些资金，其中 2011 年的 5000 万元包括省级拨款 4000 万元和县级拨款 1000 万元，2012 年还增加了上年考核优秀的 400 万元省级奖励拨款。2011—2012 年除了改革政策带来的专项拨款以外，Y 镇的其他补助资金来源较为稳定，主要凭借市、县级各类项目及工作完成情况来获得相应补助，但数额均不大。

财政补助政策执行的途径较为简单和明确，省级政府的财政专项资金 4000 万元直接划拨给 Y 镇，并由 Y 镇根据自身发展建设需要决定资金的使用方向，资金获得及利用便捷，对于原来可支配财政也就如此规模的 Y 镇，这笔资金无疑是一笔不小的财富。县级政府的专项资金是省政府专项资金的配套，尽管目前阶段尚不能百分之百地给予 Y 镇支配的自由，但 Y 镇可以通过乡镇申报城镇建设项目与专项资金捆绑的方式来使用配套资金，不管怎样都是对原有乡镇可支配资金的一种拓展。

5.4　财政管理扩权改革对小城镇发展要素变化的影响及成效评价

5.4.1　财政管理扩权为小城镇发展带来的财力变化

毋庸置疑，强镇扩权改革政策的核心之一就是事权与财权的对应下放，新的政策措施在财政体制方面究竟为小城镇建立了多大的优势，通过 Y 镇在改革前后镇级财政状况的变化，可以对扩权政策实施情况大致进行判断。

新的财政体制中，Y 镇的超基数分成占比由原来的 56% 提高到 80%，Y 镇每年增加的财政收入为 1500 万元左右（以增值税为主且财税收入在 4.5 亿～5 亿元）。

税费返还在除去土地开发各种成本和上缴国家、省里相关费用后，J 县将原来 30% 的土地净收益的提成返还给 Y 镇，该项每年给 Y 镇带来的财政收入大约为 1000 万元。

财政专项补助资金中,每年 Y 镇能够获得省级拨款 4000 万元和县级直接拨款 1000 万元,Y 镇对这部分经费具有较高的自由支配权,能够根据自身建设的需要协调经费的使用。对于政策要求中的 1∶3 配套经费,J 县并未在实施过程中直接下拨经费,除 1000 万元外,剩余的 1.1 亿元均通过县级项目投资的形式下达,这部分经费对于 Y 镇而言,只能在指定的政府投资类项目中使用,不能另作他用。尽管如此,从 Y 镇的角度看,县级项目的投资是"本应"给予乡镇的支持,即没有改革政策的时候,县政府每年也需要向乡镇投入,因此 1.1 亿元并非全部是比以前增加的投入经费。

> 别的先不说,能够真正把 1.2 亿元给镇里就是最好的支持了,很多项目原本也是要支持镇里发展的,现在和 1.2 亿元混在一起。
>
> ——Y 镇村建站 Z 主任

> 2011 年的 1.2 亿元中 4500 万元是以前的欠款,5500 万元到位,其他用基金专项(土地出让)补助弥补。
>
> ——Y 镇财政局 W 局长

然而从 J 县的角度看,其资助 Y 镇的 1.2 亿元全部是不含有"水分"的经费,同时对 Y 镇的政策支持也十分到位。此外 Y 镇已有项目的建设和县级项目的争取也都是 J 县对 Y 镇的政策支持,因为如果没有政策背景,项目一来可能不会侧重于 Y 镇(可能考虑别的乡镇),二来同类项目也可能不会在 Y 镇升级。

> 每年除体制内增加收入外,县里 1∶3 配套资金是实打实的,目前连省里奖励也要配套,要考核,这个不合理。通过扩权这个政策,Y 镇才能使项目升级,即便是县里通过项目实施配套资金,也应该算实际拿到的。
>
> ——J 县财政局 J 科长

总体上来看,通过财政体制调整、税费返还和专项补助,Y 镇每年直接增加的资金在 7000 万~8000 万元,这部分资金的使用自由度较大,对于 Y 镇而言是"实打实"的支持。除此之外,县级项目的建设支持是对 Y 镇间接的资金投入,额度在 1 亿元左右,这其中含有原本平时支持 Y 镇建设的额度。

5.4.2 新确立的财政管理体制成效较好且具有一定保障性

除去省县级政府对 Y 镇的税费返还和专项补助资金,尽管 Y 镇执行的新财政体制相比过去的财政体制仅少 2 个字,但是却给了 Y 镇体制上的保障,这种保障在分税制的前提下能够进一步促进小城镇经济发展的积极性。

Y 镇划定了超收的基数,并且这个基数不随时间的改变而增加,也就是后续年间只要每年财政收入能够超过 2010 年,Y 镇就能获得相应的超收分成,这意味着超收的总量越大,这部分产值将越多,对于 Y 镇而言的确是一种不小的激励。

小城镇在新的财政体制结算过程中获得了较以往更多的财政收入分成,此外,省、县每年给小城镇的专项补助资金及税费返还也使小城镇有更多的资金作为自身发展的可支配收入(见表 5.8)。

表 5.8 2009—2012 年 Y 镇政府财政收支主要情况 （单位:万元）

年份	收入总计	支出总计	主要支出涉及面
2009	2047.55	2655.32	采掘电力(850.00)、一般公共服务(562.84)、医疗卫生(306.07)
2010	4944.73	4362.28	一般公共服务(1379.85)、农林水(753.29)、社保与就业(566.59)
2011	12076.34	12321.86	小城镇基础设施建设(5390.00)、一般公共服务(1771.67)
2012	11335.98	10628.63	小城镇基础设施建设(2036.00)、农林水(2205.71)、一般公共服务(2005.87)

数据来源:Y 镇财政分局。

从 Y 镇 2009—2012 年财政支出的情况可以明显看到,由于强镇扩权改革政策的实施,Y 镇有更多的财政收入用于其他开支。2009 年和 2010 年 Y 镇的财政主要支出涉及面中,一般公共服务一直是比较大的开销,占 25% 左右,此外农业也是 Y 镇财政支出较大的一块,相比之下与城镇居民相关的社会服务类公益支出十分有限,Y 镇并没有多余的资金开展更多的城镇建设管理。

2011 年和 2012 年改革政策实施后,Y 镇有更多的财力用于除公共服务以外的城镇建设管理。2011 年和 2012 年 Y 镇年最大财政支出均是城乡社区事务一项,分别为 6209.79 万元和 3132.29 万元,占年财政支出的 50% 和 30% 左右,这其中最大的支出都是小城镇基础设施建设。

此外,Y 镇的政府性基金预算主要是通过向社会征收以及出让土地等方式取得的收入,并专项用于支持特定基础设施建设和社会事业发展。这部分经费数量在扩权改革政策实施前后增加的幅度不大,经费使用也更多地侧重于农村基础设施建设和土地开发支出(见表 5.9)。

表 5.9   2009—2012 年 Y 镇政府性基金预算支出情况   （单位：万元）

年份	支出总计	主要支出涉及面
2009	3423.68	土地开发(2674.53)、农村基础设施建设(553.96)
2010	3110.01	农村基础设施建设(2275.17)、土地开发(723.14)
2011	4383.08	农村基础设施建设(3338.95)、土地开发(565.84)
2012	3904.12	土地开发(3610.60)、地方水利建设基金(274.00)

数据来源：Y 镇财政分局。

扩权改革政策实施后，Y 镇不仅有了更多的可支配财政收入，此外有较高的专项补助资金的自由支配度，能够按照城镇当前建设的需要开展项目推进。

2011 年，Y 镇以政府为主体开发的项目包括基础设施类项目 9 项，投资 6100 万元，社会事业类项目 10 项，投资 7000 万元，生态环境类项目 13 项，投资 1.74 亿元，公共服务和体制创新类项目 3 项，投资 900 万元；完成了社会治安综合楼项目、司法所综合用房项目和财政所业务用房及一站式综合服务用房项目，这些项目都是能够立即为全镇居民提供便利的办公设施，共计投入资金 3600 万元。

5.4.3   财政补助成效较快，省级财政补助比县级更为直接

给予 Y 镇的资金补助能够作为生产要素直接被投入小城镇发展建设中，毋庸置疑，该资金运用的有效性能够较为迅速地体现出来，小城镇具体的物质成果不断积累。浙江省在财政补助方面每年给予 Y 镇的资金属于专项资金，直接拨付给 Y 镇，资金的使用并不受上级部门的约束，可以根据自身发展的需求使用，往往可以弥补现实资金不足的问题，成效较快。

但是，县级财政资金补助并未按扩权改革政策中要求的配套经费进行直接拨付，而主要是通过县级政府支持小城镇建设项目的形式下达，这使得资金使用的自由度不如直接形式的补助，这从 Y 镇开展的小城镇建设项目就可以看出，如人防工程项目、事业部门配套建设项目、文体教育项目等，尽管这些都是小城镇发展建设过程中不可或缺的项目，然而从 Y 镇的视角看来，这种"捆绑式"的资金补助是被打折的。

在具体的分析过程中也可以看到，在财政体制的重新建立过程中，包含县镇之间的博弈关系，由于各自出发的角度不同，对政策的看法也会不同，县镇之间的体制平衡存在一定的变化。

5.4.3.1   县镇之间可能存在横向转移

从表 5.3 中可以看出，2011 年改革政策实施后，Y 镇可用财力所占比重较 2010 年有了约 10 百分点的增长，说明 J 县的确拿出了一定的资金资助 Y 镇建设。

然而,J 县颁布第五轮(2012—2016 年)乡镇财政体制时,不仅改变了对其他乡镇基数的核定方法,同时增加了县镇财政分成的比例。在前一轮财政体制下,J 县其他乡镇的可用财力占财政税收总收入比重已呈现下降态势,新的更为严格的财政体制会使其他乡镇的可用财力进一步压缩,J 县在保障本级财政增长的同时还要拿出更多的经费资助 Y 镇,这似乎意味着 J 县从其他乡镇进行财政收入横向转移的可能。

　　财政、土地方面县财政要确保自己的使用,对别的乡镇肯定有一定影响。

——T 镇村建站 X 站长

　　从心里讲,对于目前县级政策对 Y 镇的全力倾斜,其他镇肯定有不平衡的心态,毕竟资源就那么多,一边多了另一边就少了,目前 G 镇的财政收入仍是吃饭财政,根本无力搞城镇建设。

——G 镇 M 副镇长

　　从财税上看,短期内没有转移现象,但是长期如果有亏损,应该会存在横向转移,土地也是如此,理论上有转移,但实际表现可能不明显。

——X 镇城建办 S 主任

5.4.3.2　县级财政在目前发展阶段有心无力

客观地讲,J 县在目前的权限范围内给予 Y 镇的支持已经足够大,Y 镇 2011 年可支配财力是其他乡镇中最强乡镇的 3 倍,甚至达到有些乡镇的 7~8 倍,几乎相当于县城以外所有乡镇财力总量的一半,同一县域其他乡镇有的甚至产生了"嫉妒"。

尽管如此,Y 镇对于县级政府的支持尤其是财政补助的满意度并没有达到 100%。Y 镇认为,县级政府将对本镇的项目投资算入专项补助资金中,与省政府文件中的要求有一定的出入,自己并未真正地享受到全部的实惠。

究其原因,以 2011 年为例,J 县六镇共创造财税总收入 17.2 亿元,但六镇财政总收入仅 6.9 亿元,除去六镇自身留成 2.88 亿元,J 县一年从六镇获得的财税收入仅 4 亿元左右,若再单独拿出 1.2 亿元给 Y 镇,则难以支持其他乡镇的公共服务及建设管理。

　　目前体制内乡镇占全县可支配财力的 20% 左右,县里还要从剩下的 80% 中通过转移支付再拨钱给各乡镇,比例大概 10%。目前农村义务教育支出划为县财政支出,为乡镇减轻了很大负担。

——J 县财政局 J 科长

可以看到,J 县本身获得的财税收入也十分有限,在现有分税制体制下,大部分乡镇创造的收入都归于中央和省级政府,县级财政并不充裕,县级政府又理应将全县建设重点偏重于县城主体,因此不难理解即便在"强镇扩权"改革政策的大力驱动下,县级政府对小城镇的资金支持仍然十分有限。

> 省里 20% 还是要提走的……本县采用税收属地制度,目前税收主要看县经济结构,主体税种是增值税和所得税,所以中央还是拿走了大部分。

> ——J 县财政局 J 科长

5.4.4 财政管理扩权影响市场

扩权改革政策除了直接作用于小城镇发展外,还会通过影响市场来作用于小城镇发展资源配置的能力。

乡镇企业发展方面,Y 镇在强镇扩权改革政策实施以后,其一,由于财力的增强加快了城镇建设的力度,城镇面貌有所改观,以小城镇为重要载体和依托的企业,会因为企业员工的安居而更专注于经济生产;其二,小城镇在具备了一定的财力以后会制定优惠政策鼓励和促进企业扩大生产、提升产值,使得企业在本地经营和生产的积极性进一步提升;其三,企业群不断扩大形成优势,会吸引更多外来同类企业或上下游企业的集聚,形成产业集群优势,降低生产成本,成为更具有市场竞争力的经济实体,形成城镇—企业之间的良性循环。

> 招商过程中,在同等条件下,企业肯定会选择有政策倾斜或条件优惠的地方落户。如果地税由镇里掌控,原来企业必须交给县里的地税,镇里可以返还给企业作为鼓励政策,这样会大大提高企业生产的积极性。

> ——Y 镇招商部 Q 主任

乡镇政府融资方面,Y 镇原有的以政府为主体的投资开发有限公司有 2 个,主要用途是作为政府除财政收入以外的融资平台,向银行贷款,将贷款用于城镇建设,再筑巢引凤,吸引更多企业落户乡镇,获得更多利税来还贷和扩大城镇建设。融资一直是 Y 镇开展城镇建设的一种比较重要的手段,在城镇保持良性发展的前提下,提早使用"未来"的资金,有利于加快拓展城镇建设空间,及早抓住发展机遇,吸引更多经济实体落户乡镇。然而,由于很多小城镇盲目借贷,土地经济在国家宏观调控的背景下大大紧缩,城镇发展陷入困境,政府债务居高不下,银行已经停止对这类乡镇放贷。

Y 镇主要有建设银行和农业发展银行提供城市建设贷款。由于扩权改革政策的实施,社会普遍看好 Y 镇今后的发展前景,银行对 Y 镇也实行了贷款优惠政策,愿意给政府更多的资金开展城镇建设,银行也认为能够通过支持小城镇的发展使自身获益更多。相反,J 县其他乡镇则较难获得银行贷款,原本可为乡镇贷款的银行往往由于乡镇发展前景的不明朗而不愿意提供贷款,即便花费很多精力获得贷款,贷款利率往往也会上浮。

> 融资比以前容易一些,银行贷款主要用于项目建设,额度上银行都能满足……目前还可以用的公司是 Y 镇城镇投资开发有限公司,另外 2 个融资平台停用,主要向建设银行和农业发展银行(政策性银行,支持农村建设)贷款。由于小城市政策影响,城镇发展较快,银行给予利率优惠,按基准利率贷款,建设银行基本在 5.0% 多些,农发银行 6.4%,如果从别的地方贷款,可能上浮 15%～20%,一家信托银行也曾上门同意放贷,但由于利率过高(12%)未被镇里采用。
>
> ——Y 镇财政局 W 局长

此外,根据 2011 年小城市培育试点工作的要求,Y 镇新增 2 家金融组织:①经市银监局批准的合作银行新设农村合作银行支行分理处一处,该机构已于 2011 年 11 月正式对外营业;②2011 年 9 月初,县政府上报省政府拟开展小额贷款公司试点,12 月省金融办批准试点名额。小额贷款公司与银行相比,业务办理更为便捷、迅速,适合中小企业、个体工商户的资金需求;与民间借贷相比,小额贷款更加规范、贷款利息双方可协商。

新增金融机构有利于 Y 镇本地中小企业灵活借贷,促进企业快速发展,然而也是由于金融机构设立时间和该项政策开展的时间较近,各方面工作仍处于准备阶段。截至小城市培育试点考核第三年,设立的金融机构并未进行相关的小企业借贷工作,对市场的促进作用尚未体现出来。

第6章 Y镇土地管理扩权

当前对于小城镇来说,重要的制约因素是土地指标,没有更多的土地指标用来进行开发建设,对于小城镇来说影响较大。

——Y镇C镇长

6.1 土地管理扩权政策梳理

6.1.1 省级政策解读

与小城市培育试点镇土地管理扩权相关的主要省级文件中的具体指引有以下几点。

(1)2007年4月10日,《浙江省人民政府关于加快推进中心镇培育工程的若干意见》(浙政发〔2007〕13号)出台。

各地在修编新一轮土地利用总体规划时,应充分考虑中心镇发展的需要,合理布局,统筹安排。支持中心镇向国家有关部委申报城镇建设用地增加与农村建设用地减少相挂钩试点。各地应从省里切块下达的用地指标中,安排一定数量,专项用于中心镇发展,并下达给中心镇。支持和鼓励中心镇通过挖潜,改造旧城,开展拆村并点、土地整理,开发利用荒地和废弃地,做到集中用地和集约用地;对符合条件的项目,省里优先核定土地周转指标给予支持。

进一步探索集体建设用地流转方式,保障集体建设用地依法、合理、规范流转。允许中心镇开展农民住宅产权登记试点。采取异地置换方式,积极鼓励山区农民迁移到中心镇落户就业。

其中,关键词为挂钩试点,专项,挖潜,集体建设用地流转,农民住宅产权登记,异地置换。

(2)2010年10月11日,《中共浙江省委办公厅 浙江省人民政府办公厅关于进一步加快中心镇发展和改革的若干意见》(浙委办〔2010〕115号)出台。

优先支持中心镇开展农村土地综合整治,整合城镇建设用地空间,切实保障中心镇建设用地需要。安排一定的土地启动指标,支持中心镇开展城乡建设用地增减挂钩改革。对中心镇的城镇建设用地指标,各地要在年度城镇建设用地切块指标中做出专门安排。

符合条件的"千亿产业集聚提升"和"千亿公共设施建设"工程项目用地,要优先列入省重点建设项目给予保障。支持中心镇开展"旧房、旧村、旧厂"改造,优化土地资源配置,提高土地利用效率。加快推进农村集体土地所有权、宅基地使用权、集体建设用地使用权的确权登记颁证工作。对符合规划并已办理确权登记手续的经营性集体建设用地,鼓励开展土地使用权流转试点,探索试行集体建设用地流转模式和相关机制。允许农村集体经济组织使用中心镇土地利用总体规划确定的建设用地兴办企业,或以土地使用权入股、联营等形式参与开发经营,并依法办理用地手续。探索建立经营性集体建设用地使用权流转收益分配及相应的税收调节机制。

其中,关键词为土地综合整治,增减挂钩改革,切块指标,"三旧"改造,使用权流转。

(3)2010 年 12 月 21 日,《浙江省人民政府办公厅关于开展小城市培育试点的通知》(浙政办发〔2010〕162 号)出台。

建立试点镇建设用地支持保障制度,各地在省下达的年度城镇建设用地切块指标中优先予以安排。

其中,关键词为用地支持保障,切块指标。

从以上文件可以看出,省里提出的小城镇土地管理扩权主要措施体现在三个方面:①开展城乡建设用地增减挂钩改革;②通过"三旧"改造更新现有土地存量,增加新的土地使用指标;③利用政策倾斜获得专项切块的土地指标。尽管当前国家宏观控制土地使用数量,但对于小城镇而言,城镇建设的开展仍然主要依靠土地的扩张,因此省里通过专项指标和土地综合整治措施给予小城镇建设中土地数量的保障,但也提出希望小城镇通过自身城镇更新来增加新的土地功能,提高土地使用的效益。

6.1.2　县(市)级政策解读

J 县人民政府于 2011 年 2 月 25 日颁布《关于加快推进 Y 小城市培育试点工作的若干意见》,在土地管理扩权方面,提出了在 Y 镇的具体实施办法。

建立土地储备中心,落实 2 名工作人员。

以空间规划为重要依据,以推进项目建设为重要内容,每年安排省下达计划指标的 20% 建设用地指标,试点镇盘活的建设用地 100% 留镇。

在具体的土地管理扩权改革开展过程中,县级政府明确了每年将省下达的建设用地计划使用指标的 20% 单独给予试点镇,并将盘活的建设用地 100% 留给镇级使用。在土地综合整治的开展方面,县级政府也给予了 Y 镇大力支持。

6.2 土地管理扩权改革实施过程

土地管理包括了土地数量综合利用、土地所有权和使用权确认、土地数量统计、土地利用监督检查、土地利用规划和政策法规制定等方面内容,根据省县级文件的要求,强镇扩权中心镇或小城市培育试点镇在土地管理扩权方面的主要改革措施体现在三个方面:县级土地指标切块、开展土地综合整治项目、建立乡镇一级土地储备中心。

由于我国当前对土地利用开发的宏观调控,关于政府土地管理体制改革的内容主要是由省国土部门作为执行主体制定和出台的,县国土部门对具体土地指标进行分配和控制,镇级土管部门几乎没有更多的自主权,通过政策执行能够给 Y 镇带来比其他乡镇更多的土地使用。由于实际工作的特殊性,未能建立对土地管理体制改革的三方面措施的体制保障,更多是赋予资源要素,同时,尽管政策在土地储备方面作了一定的要求,但在当前执行过程中其内容并未体现(见图 6.1)。

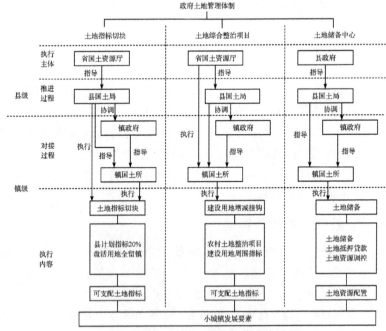

图 6.1 政府土地管理制度改革实施过程

6.2.1　通过县级土地指标切块保障小城镇的土地使用要素

土地使用主要通过 2 个指标体现,一个是农转用指标,是指将农地改变用作住宅用地、工厂用地、公共设施用地等非农用地的数量,这个指标必须在集镇建设用地规模范围内,按土地利用年度计划分批次由国土部门进行批准,反映了集镇能够获得可开发建设土地数量的重要指标;另一个是供地指标,是地方政府以出让、划拨的方式提供土地的数量,这个指标能大致体现出一个地方在当年开展城市建设的力度,供地指标总量不能超过农转用指标的总量。

6.2.1.1　农转用指标

农转用指标通常会包括集体土地中建设用地的转移和土地综合整治(土地增减挂钩)的数量,这其中,每年国土部门计划下达的新增建设用地指标最为关键。为了更清晰地展现土地使用指标的实际情况,本书中农转用指标专指每年新增建设用地数量。

2009 年 Y 镇行政区划调整,2009—2013 年 Y 镇总的农转用指标(新增建设用地)如表 6.1 所示,2011 年 Y 镇新增建设用地仅占全县数量的不到 10%,2012 年和 2013 年这一指标分别为 20.34% 和 18.02%,基本达到了政策要求的每年省下达计划的 20% 建设用地指标。与 2010 年相比,Y 镇新增建设用地指标在数量上平均每年增加了 200 亩左右用地。

需要说明的一点是,每年国土部门会有年初计划和年终核准两批新增建设用地数据,年终往往会根据一年的土地使用情况进行新增建设用地的再分配。对于 Y 镇来说,改革文件中要求的 20% 土地指标占比一般会按照年初计划的土地指标的数量进行切块,随后的新增建设用地再分配则要根据一年的实际情况来决定。

从整个 J 县 2009—2013 年新增建设用地指标(见表 6.2)可以看出以下的特点:①2012 年和 2013 年,Y 镇与其他乡镇相比,新增建设用地指标占 J 县比重有了明显上升,"地位"显然高于其他乡镇;②2009—2013 年,J 县县城(三街道)新增建设用地指标比重始终在 45% 左右,受政策影响小,可以看出这部分指标还是主要保障了县城的使用;③其他乡镇新增建设用地占比仅 35% 左右,似乎存在指标"横向转移"现象。

此外,与财政补助"带项目"不同,县里单独切块给 Y 镇的土地指标不指定任何项目,Y 镇可以依据自身的城镇建设需要自由支配指标;但县里将土地指标下达给其他乡镇往往会以项目指定的形式进行。

表 6.1 2009—2013 年 J 县与 Y 镇土地农转用指标情况

（单位：公顷）

土地指标	2009 年			2010 年			2011 年			2012 年			2013 年		
	全县	Y 镇	占比	全县	Y 镇	占比	全县	Y 镇	占比	全县	Y 镇	占比	全县	Y 镇	占比
总面积	221.12	37.02	16.74%	284.24	11.01	3.87%	124.88	12.92	10.35%	161.13	64.45	40.00%	265.78	48.11	18.10%
新增建设用地面积	197.88	35.78	18.08%	257.32	11.01	4.28%	105.37	10.04	9.53%	99.34	20.20	20.33%	238.33	42.96	18.03%
农用地面积	193.82	35.45	18.29%	253.95	11.01	4.34%	104.47	9.61	9.20%	96.50	20.04	20.77%	233.12	42.11	18.06%
耕地面积	165.25	34.61	20.94%	238.01	11.01	4.63%	87.33	9.02	10.33%	75.84	16.65	21.95%	208.11	38.51	18.50%
建设用地面积	23.24	1.24	5.34%	26.92	0	00.00%	19.51	2.88	14.76%	61.79	44.25	71.61%	27.46	5.15	18.75%
未利用地面积	4.05	0.33	8.15%	3.37	0	00.00%	0.90	0.43	47.78%	2.84	0.16	5.63%	5.20	0.85	16.35%

数据来源：J 县国土资源局。

注：新增建设用地面积＝农用地面积＋未利用用地面积，总面积＝新增建设用地面积＋建设用地面积。

表 6.2　2009—2013 年 J 县所有乡镇土地新增建设用地占全年指标比例

地点	2009 年		2010 年		2011 年		2012 年		2013 年	
	面积/公顷	占比/%	面积/公顷	占比/%	面积/公顷	占比/%	面积/公顷	占比/%	面积/公顷	占比/%
总计	197.88	100.00	257.32	100.00	105.38	100.00	99.34	100.00	238.34	100.00
WT街道	19.68	9.95	42.12	16.37	17.91	17.00	16.08	16.19	31.71	13.30
HM街道	8.60	4.35	28.31	11.00	19.95	18.93	13.48	13.57	25.13	10.54
DY镇	10.01	5.06	51.91	20.17	20.26	19.23	11.69	11.77	29.24	12.27
XT镇	50.01	25.27	22.78	8.85	7.11	6.75	14.99	15.09	10.00	4.20
GY镇	17.30	8.74	20.05	7.79	4.79	4.55	0.81	0.82	8.37	3.51
Y镇	35.78	18.08	11.01	4.28	10.04	9.53	20.20	20.33	42.96	18.02
TZ镇	6.53	3.30	6.87	2.67	10.47	9.94	7.50	7.55	17.30	7.26
TN镇	12.49	6.31	14.29	5.55	1.78	1.69	5.05	5.08	20.63	8.66
LX街道	37.48	18.94	59.98	23.31	13.07	12.40	9.54	9.60	53.00	22.24
县城计	65.76	33.24	130.41	50.68	50.93	48.33	39.10	39.36	109.84	46.08

数据来源:J 县国土资源局。

注:县城包含 WT、HM、LX 3 个街道。

> G 镇主要靠自己复垦来获得指标,公益性项目的土地指标靠向县里要或县里项目带下来,房地产开发等商业开发只能靠复垦。2011 年县总共 800 亩指标中,给 G 镇的均是带项目的,两新工程 15 亩,强村计划 10 亩,共 25 亩。
>
> ——G 镇 M 副镇长

6.2.1.2　供地指标

供地指标和农转用指标在操作中会有一定的不统一,尽管农转用指标在土地供应的数量上进行了宏观控制,但对于供地指标而言,尤其是在具有土地储备平台的一级政府中,其往往能够带来一定的"抵押效益",因此有可能出现"批而未供、供而未用"的情况。

从 2008—2012 年 J 县全部的供地数据(见表 6.3)可以看出,历年 Y 镇的供地数量占全县供地数量的 15% 左右,2010 年后并未因为强镇扩权和小城市试点镇政策的实施在土地供应数量方面有较显著的增长。这一方面是由于 Y 镇

表 6.3　2008—2012 年 J 县各乡镇供地面积及占比情况　　（单位：公顷）

地点	2008 年供地面积	2009 年供地面积	2010 年供地面积	2011 年供地面积	2012 年供地面积	横向合计	2008—2012 年各乡镇供地总面积占全县总供地面积比例
WT 街道	12.97	60.11	24.75	48.41	18.64	164.88	10.74%
HM 街道	66.85	28.45	152.43	45.42	75.40	368.55	24.00%
DY 镇	12.56	8.49	72.11	37.02	9.13	139.31	9.07%
XT 镇	46.36	50.87	17.72	46.47	9.99	171.41	11.16%
GY 镇	21.03	18.66	13.42	15.73	13.88	82.72	5.39%
Y 镇	43.26	41.17	18.66	50.41	27.15	180.65	11.76%
TZ 镇	5.67	10.93	2.87	4.06	9.54	33.07	2.15%
TN 镇	13.97	31.25	24.34	20.29	8.03	97.88	6.37%
LX 街道	31.97	79.14	66.34	87.41	30.49	295.35	19.23%
县本级					1.80	1.80	0.12%
纵向合计	254.64	329.07	392.64	355.22	204.05	1535.62	100%

数据来源：J 县国土资源局。

通过土地增减挂钩的政策可以获得农转用指标之外的额外指标，另一方面从供地数量上（用地总面积指标大于供地指标）可以看出，Y 镇对土地的使用较为充分，当前土地农转用指标对于 Y 镇而言还是较为重要的发展要素之一。

J 县县城（三街道）的供地数量占全县供地数量的 55% 左右，从一个方面反映了当前即便在政策刺激小城镇发展的背景下，县城的建设依旧是当地政府的主体工作，县本级也能够利用更多的供地指标通过融资平台获得财政以外的经济收入，对县级财政进行一定的补充，保障县城的基本利益不会因政策的改变而受到影响。

总之，不管是农转用指标还是供地指标，土地管理扩权改革对 Y 镇而言保障了其城镇建设用地的需求，尤其是在当前宏观调控的背景下，土地指标几乎成了地方开展建设的瓶颈，如果没有土地指标，即便有强大的经济实力，依旧无法开展适合小城镇发展的建设项目。扩权改革对小城镇土地使用要素的保障正是通过县级土地指标切块这样的途径来实现的，单独的切块，使得小城镇与其他乡镇相比不仅获得了土地数量上的优势，更获得了发展的先决条件。

6.2.2　通过土地综合整治项目盘活小城镇的土地使用要素

农村土地综合整治也称土地增减挂钩,浙江省曾提出过土地复垦的概念,两者不一样的内容主要是复垦后的土地指标可以是多年前的,不需要和现有耕地恢复项目进行捆绑,而土地增减挂钩项目则需要建设用地指标的增加和农村耕地的恢复进行捆绑。

土地增减挂钩是指城镇建设用地增加与农村建设用地减少相挂钩,是指依据土地利用总体规划,将若干拟复垦为耕地的农村建设用地地块(即拆旧地块)和拟用于城镇建设的地块(即建新地块)共同组成建新拆旧项目区,通过建新拆旧和土地复垦,最终实现项目区内建设用地总量不增加,耕地面积不减少、质量不降低,用地布局更合理的土地整理工作目标(李旺君等,2010)。简单地说,就是地方政府借此可以获得额外的建设用地,但是挂钩周转指标需要在规定时间内用拆旧地块整理复垦的耕地面积归还,面积不得少于下达的挂钩周转指标。

2010 年 11 月,浙江省国土资源厅下发《关于下达发展改革试点小城镇城乡建设用地增减挂钩周转指标的通知》(浙土资厅函〔2010〕1248 号),文件中核准给予 Y 镇 1000 亩的周转指标。

2009 年 J 县就已经开展了农村土地综合整治项目,2011－2013 年新增建设用地共计 2422.97 亩,其中仅 2011 年 Y 镇就占有 931.13 亩新增建设用地,此外 Y 镇还获得了 130.59 亩的土地整治项目,共计 1061.72 亩,比 DY 镇 398.88 亩多了 600 亩左右的土地指标,县域内其他部分乡镇在土地综合整治项目中甚至没有新的指标(见表 6.4)。尽管土地综合整治项目的开展并非完全的政策主导,还要考虑到每个乡镇实际农村村民集聚建房的实际情况,但是至少能够在土地使用性质转变过程中减少集体土地转为国有土地的环节,并且置换了土地空间区位,对于加快小城镇开发建设,缓解 Y 镇项目开展与土地指标之间的矛盾起到重要的作用。

表 6.4　2011—2013 年 J 县各乡镇土地综合整治项目情况　　(单位:亩)

序号	项目名称	批准年份	项目审批情况			
			复垦新增耕地面积	建新地块总面积	新增建设用地面积	已核拨周转指标
1	Y 镇六村农村土地综合整治项目	2011	932.29	1262.74	931.13	931.13
2	HM 街道一区农村土地综合整治项目	2012	101.13	127.15	100.60	100.60
3	HM 街道二区农村土地综合整治项目	2012	100.16	111.27	99.71	99.71

续表

序号	项目名称	批准年份	项目审批情况			
			复垦新增耕地面积	建新地块总面积	新增建设用地面积	已核拨周转指标
4	HM 街道三区农村土地综合整治项目	2012	97.29	96.97	96.97	96.97
5	HM 街道四区农村土地综合整治项目	2012	85.63	95.77	85.28	85.28
6	HM 街道五区农村土地综合整治项目	2012	76.91	86.00	76.60	76.60
7	Y 镇四村农村土地综合整治项目	2012	131.86	163.36	130.59	130.59
8	WT 街道四村农村土地综合整治项目	2013	47.54	57.46	48.08	48.08
9	XT 镇农村土地综合整治项目	2013	72.36	79.65	72.23	72.23
10	XT 镇十四村农村综合整治项目	2013	81.42	85.13	81.37	81.37
11	LX 街道农村土地综合整治项目	2013	154.34	182.29	154.34	154.34
12	LX 街道三村农村土地综合整治项目	2013	147.18	191.23	147.18	147.18
13	DY 镇三村农村土地综合整治项目	2013	77.38	124.75	75.64	75.64
14	DY 镇农村土地综合整治项目	2013	85.83	163.81	81.58	81.58
15	DY 镇六村农村土地综合整治项目	2013	169.36	179.38	162.77	162.77
16	DY 镇四村农村土地综合整治项目	2013	82.81	92.01	78.89	78.89
合计			2443.49	3098.97	2422.96	2422.96

对于 Y 镇而言，从土地综合整治项目获得的土地指标均可以自由支配，对于开展本地区城镇建设具有极大的便利性和重要性。以 Y 镇六村农村土地综合整治项目中新增的 931.13 亩建设用地为例，Y 镇在不新占用国有土地的前提下共开展 31 个城建项目，其中企业投资项目 15 个、商业投资项目 6 个、政府投资项目 3 个、村民安置项目 7 个(见表 6.5)。

表 6.5　Y 镇土地综合整治项目新增建设用地使用情况　　(单位：公顷)

序号	建设项目	用地面积	项目性质	备注
1	OS 电子有限公司	0.3957	企业投资	
2	TZ 有限公司	5.7078	企业投资	
3	商住 G 区	0.5765	商业投资	
4	Y 镇财政所业务用房	0.3575	政府投资	
5	Y 镇司法所综合用房	0.1614	政府投资	
6	商住 H 区	0.0109	商业投资	
7	KET 科技有限公司	0.0039	企业投资	
8	XY 有限公司	1.8961	企业投资	
9	DS 有限公司	2.7623	企业投资	
10	TY 五金制造有限公司	0	企业投资	征收集体已有建设用地
11	Y 镇新社区安置用地 I 区	3.6986	村民安置项目	

序号	建设项目	用地面积	项目性质	备注
12	Y镇新社区安置用地J区	1.2825	村民安置项目	
13	JZL能源有限公司	3.1545	企业投资	
14	FCT汽车零部件有限公司	5.9072	企业投资	
15	Y镇新社区安置用地K区	2.5099	村民安置项目	
16	商住用地A区	5.1155	商业投资	
17	商住用地B区	4.0286	商业投资	
18	Y镇新社区安置用地L区	7.7400	村民安置项目	
19	Y镇新社区安置用地M区	4.3904	村民安置项目	
20	商住用地E区	0.3429	商业投资	
21	商住用地F区	0.0180	商业投资	
22	Y镇新社区安置用地N区	0.5494	村民安置项目	
23	钢贸城项目二期	4.3035	企业投资	
24	Y镇派出所综合服务用房	0.7714	政府投资	
25	TC肥料有限公司	1.1004	企业投资	
26	FST密封制品有限公司	0.6663	企业投资	
27	BQ机械有限公司	0.3013	企业投资	
28	WT特钢有限公司	0	企业投资	征收集体已有建设用地
29	KM精密机械有限公司	1.8861	企业投资	
30	RA机械有限公司	0.2536	企业投资	
31	Y镇安置用地	2.1116	村民安置项目	
	合计	62.0038		

　　从土地综合整治项目获得的土地指标在一定的期限内仍然要通过拆旧和土地复垦归还,使耕地面积不至于减少,其优势在于先用指标随后慢慢归还的途径能在短期内迅速缓解小城镇建设中土地指标的短缺。这部分的农转用指标对于Y镇而言是单独得来的土地使用指标,与每年县级政府单独切块的农转用指标完全独立。由于土地综合整治是以建设用地使用和耕地补偿两者捆绑的形式开展的,Y镇不愿意用县级政府切块的农转用指标偿还土地综合整治项目中的耕地指标,始终通过对农村建设用地的进一步压缩来归还已使用的土地指标。

　　土地综合整治是不可分割的项目,通过其获得的指标属于计划外的指标,因此地方上不会愿意用"库里"的农转用指标来还这个指标,这也是一种集体资产曲线上市的方法。该项指标由乡镇100%自由支配。

——Y镇国土所Z所长

　　需要多说明的一点是,土地综合整治中,Y镇开始考虑城镇建成区内已有建设项目的旧城更新工作,这项工作是在本镇有一定经济实力并且土地指标成为发展制约因素时进行的。尽管此项工作仅仅处于筹划阶段,尚未落实,但是从一个侧面反映出了当前阶段土地指标对于小城镇发展的重要性,同时也说明了政策实施带来了小城镇发展的某方面转型。

由此可见,土地综合整治项目在土地切块指标依旧不能满足小城镇发展的情况下是一种十分重要的缓解手段。在土地农转用指标每年大量压缩的背景下,土地转换的程序显得更为谨慎和漫长,尽管Y镇需要在今后的城镇建设中逐渐归还土地综合整治项目中的土地指标,但是在眼前城镇建设项目大量推进的时候能够获得几倍于农转用指标的"福利",对于Y镇而言无疑是一种十分有效的帮助和推动,一方面大大节省了土地转换的时间,另一方面也能够在指标归还过程中进一步思考土地开发的效率。整个途径和方式盘活了小城镇的土地使用要素,能够将远离城镇的未利用土地转换为近期城镇周边急需拓展的建设用地。

6.2.3 通过建立土地储备中心提高小城镇土地资源配置效率

2007年《土地储备管理办法》(本小节中简称《办法》)中的土地储备,是指市、县人民政府国土资源管理部门为实现调控土地市场、促进土地资源合理利用目标,依法取得土地,进行前期开发、储存以备供应土地的行为。其主要目标是通过政府垄断土地一级市场供应,增强政府对土地市场的调控能力,防止土地收益流失,规范市场秩序(杭州市国土资源局,2010)。

进行土地储备,能够增强政府对土地市场的宏观调控能力,盘活存量土地资产,提高土地资源配置效率,增加政府财政收入,优化土地投资环境,解决土地市场存在的问题(李杨,2006;赵芳芳,2011)。土地储备的另一项很重要的功能是地方政府能够将其当作抵押物向银行等金融机构申请贷款和设定抵押权,这使得土地储备在灵活机动调控土地资源的同时又具备了增加地方政府临时使用资金的作用,重要性不言而喻。

2012年9月,J县人民政府发布《关于设立J县土地储备中心Y镇分中心的通知》,强调土地储备分中心的职责是在Y镇域范围内承担土地储备的有关事务,接受县土地储备中心指导和监督。

然而,文件颁布后一年多,Y镇的土地储备中心仍没有建立起来,更未能真正开展实际的土地储备工作。首先,《办法》中明确,土地储备机构应为市/县人民政府批准成立、具有独立的法人资格、隶属于国土资源管理部门、统一承担本行政辖区内土地储备工作的事业单位。实施土地储备计划,应编制项目实施方案,经同级人民政府批准后,作为办理相关审批手续的依据。《办法》规定的责任主体必须是县一级的行政主体,审批程序上也要求至少由县一级政府部门批准,对于乡镇而言,这些比较难以做到。其次,《办法》中要求市/县人民政府国土资源管理、财政及当地人民银行等部门,要互相配合,保证土地储备工作顺利开展。由于我国行政管理体制中条块的特点,乡镇在这个环节中难以依靠自身的部门与县级部门进行工作协调,工作也就无法顺利开展。最后,前面提到的土地储备像水库一样具备调控功能,并能够作为抵押品使政府开展抵押贷款,这样的权限如果由镇一级政府获得,将会带来较大的风险,因此县级部门不愿意直接开展这项工作。基于以上三条主要原因,Y 镇在政策要求的前提下依旧无法顺利建立土地储备中心并开展工作。

> 目前 Y 镇土地储备中心仅仅试点几个项目,没能真正开展实际工作,主要原因是与法律层面的规定不一致,必须是在县一级层面开展相关工作。如果有土地储备中心的话对 Y 镇的好处是土地市场的调节和政府融资的便捷。
>
> ——Y 镇国土所 Z 所长

尽管 Y 镇土地储备中心当前未能建立,但是可以预见该机构对小城镇起到的作用。由土地储备中心进行土地指标、土地用途等方面的控制和调节,能够整合小城镇镇域范围内的所有土地资源,避免土地闲置、乱供等现象,使土地资源能够更好地体现其经济效益,土地管理扩权也是通过这样的途径提高小城镇土地资源配置效率的。

6.3　土地管理扩权改革对小城镇发展要素变化的影响及成效评价

在国家对土地使用进行宏观控制的背景下,土地指标往往成为制约小城镇发展的"短板",即便是小城镇具备了一定的审批权限和有自由支配的资金,但如果没有相应的土地管理制度调整,没有土地使用指标,小城镇建设依旧无法开展。随着国家国土资源管理部门对土地使用的进一步限制,包括道路、绿地等用地均纳入建设用地指标,土地使用指标只会越来越成为小城镇发展的主要制约因素之一。

此外,利用土地进行融资借贷,也是地方政府迫切需要的一种缓解财政压力的手段,尽管这可能是一种"饮鸩止渴"的办法,但对于解决当前执政过程中的问题,无疑是不可多得的选择。

6.3.1 县级土地指标切块和土地综合整治项目成效明显

土地管理扩权改革政策出台对于 Y 镇而言,最直接的影响是土地使用指标的增加。通过农转用指标(新增建设用地)的直接切块,Y 镇较过去平均每年有200 亩左右土地使用指标的增加。通过土地综合整治项目,Y 镇比其他乡镇多获得了 600 亩以上的土地使用指标,尽管这些指标要在一定的时间内通过复垦被归还,但 Y 镇享受了土地使用的灵活性和合理性,并在某种程度上解决了小城镇迅速扩张带来的用地紧缺问题。

土地管理扩权是一项艰巨又复杂的工程,在国家宏观土地政策紧缩的背景下,土地使用指标似乎成了制约地方经济发展的主要因素之一,乡镇向县里讨要指标,市县向省里讨要指标,层层博弈,甚至一些地方政府在遇到有土地使用指标的项目时会比遇到有经济效益的项目时更加积极主动,也会申报更高级别的重点项目,力求直接获得土地使用指标。然而,土地使用指标方面政策的改革,目前还仅仅围绕数量上的变化,并未涉及深层次的制度设计,因此目前政策推行的土地管理扩权,只是在已有制度框架下的一点改善,对小城镇发展的影响趋于表面,不会带来翻天覆地的变化。

> Y 镇中学由于高压线问题,选址新增 75 亩,下一步在等土地预审意见,包括后续设计、招投标等,希望 2012 年 12 月底前能开工,然而当时关键问题是土地指标没有。对于 Y 镇而言,中学项目十分重要,关系到乡镇公共服务需求,但 75 亩的用地指标数量较大,尽管当年800 亩土地使用指标的 20% 已经划给镇里,但如果占用镇里的土地指标,别的项目便无法开展。因此镇里在具体操作过程中要求先在土地预审过程中只写大概数量,不具体在某年的土地指标中体现,然后抓紧时间去和县里协调,希望能够得到县里支持,土地指标单独划块。

从上述案例中可以看出,Y 镇在土地管理制度尤其是土地使用指标方面对县级机构的依赖性依旧很大,但与县域其他乡镇相比,Y 镇已经具有了较为明显的优势。

小城镇在土地管理扩权新要求下获得了较以往更多的农转用土地使用指标,此外,小城镇还能凭借土地综合整治项目的开展为自身赢得更多可支配的土地使用指标,这些土地使用指标在小城镇建设项目的落地过程中起到了至关重要的作用。Y 镇仅通过土地综合整治项目便获得了近 1000 亩土地用于本镇31 个城建项目的开展,项目涉及企业项目、政府投资项目、商业投资项目和村民安置项目,极大地完善了小城镇功能。

目前小城市建设中土地指标的倾斜为镇里带来的好处比较明显,

县里 20％土地指标划拨镇里,原来有 11 个比较好的项目排队,现在从增减挂钩 1000 亩土地指标中划出 300 亩至 500 亩土地用于企业项目,缓解了企业土地需求。

——Y 镇招商部 Q 主任

从整个分析过程看,这些土地使用指标的增加仅仅是对 Y 镇小城市试点的一种"量"的支持,并非"质"的改变,Y 镇只是增加了使用土地的机会,但这种机会并没有掌握在 Y 镇自身手中,而是依旧被 J 县所控制,J 县每年需要将自身一些土地使用指标分给 Y 镇。

在 J 县的全盘考虑中,县城的建设依旧是主体,乡镇的建设不会也不能影响到县城发展的利益,因此县城的新增建设用地指标几乎一直保持在总的土地使用指标的 45％左右。不难理解,在改革政策实施以后,Y 镇土地使用指标的增加是通过县域中其他乡镇的减少来实现的,土地使用指标存在县域内的横向转移。

此外,由于县级层面具有土地储备的职能,在供地指标方面对于县城的供地能够更为"宽松"些,县城的供地数量占到全县的 55％,这些已经完成供地手续的土地也可以作为政府融资平台的重要抵押物,为县级政府获得财政外的暂时资金提供便捷。

和其他乡镇相比,受到扩权改革政策影响的小城镇对获得的农转用和土地综合整治项目的土地使用指标具有很高的自由支配权限,这种权限给乡镇带来的影响体现在两个方面。

(1)乡镇根据自身小城镇建设的需要确定土地使用指标的去向。乡镇建设中会有很多不确定因素,一些企业投资类项目往往会因为突发事件超出乡镇土地预算,在自身能够调配土地使用指标的前提下,乡镇可以特事特办,先满足紧迫的项目需要,抓住市场机遇,抢占先机,这是其他乡镇所不具有的优势之一。

土地使用指标的多少往往决定了一个地区项目推进的可能性大小,因此进行了土地管理扩权改革的乡镇对各类企业会产生一定的吸引作用。在别的乡镇不具备更多土地使用机会的时候,Y 镇能显示出自身的优势,如 Y 镇通过土地指标切块和土地综合整治开展了企业投资项目 15 个,商业投资项目 6 个,总用地约 580 亩。相比于 J 县其他年农转用指标也就只有 900 亩左右的镇而言,Y 镇已经享有了十分优越的土地使用条件,能在一定程度上通过市场进一步促进小城镇发展,较为迅速地收到成效。

土地指标这块县里对 X 镇几乎没有,每年靠复垦获得 200 多亩指标,靠旧城改造、农房宅基地复耕获得指标。土地利用规划中,X 镇五年指标是 1 平方千米,发展空间受到很大限制,像 X 镇这样的镇,发展不确定性很大,但是空间指标无。

——X 镇城建办 S 主任

（2）乡镇对于土地使用指标在其他方面的利用具有自主权。土地使用指标因其稀缺性具备一定的经济价值，J县在土地管理中提出县域各乡镇的土地使用指标今后可以在县域中进行交易，进一步提高土地使用的效益，土地使用指标不够用的乡镇可向指标盈余的乡镇购买指标，价格在80万元/亩左右。Y镇土地使用指标尚不存在盈余的情况，但Y镇也可以利用这样的规定对自身可支配土地使用指标使用方向有更多的选择。

> 只要能够解决农房安置问题，剩余的土地指标均归镇里留用。当前县里该项指标不可跨镇使用，今后考虑可以跨镇进行交易，这样会给Y镇带来更大的收益。
>
> ——Y镇国土所Z所长

6.3.2 土地储备中心尚未体现成效

土地储备制度改变了我国土地征收和供应的结构，完善了政府垄断一级土地取得与供应的制度，具备调控土地需求的功能，增强了政府对土地市场的调控能力，也激活了存量土地的利用价值，促进土地保值升值，有助于防范和化解金融风险（崔建远，2011）。而土地储备中心具有的灵活调节和抵押土地借贷功能，对于地方政府尤其是乡镇一级政府具有更大的吸引力。

小城镇建立了土地储备中心后，可以利用土地储备中心的调节功能，在用地指标宽松的时候进行一定土地储备，便于在指标紧张时进行利用，也可以通过土地调整置换，将地段偏僻、开发条件不理想以及闲置的土地进行整合，促进土地资源优化配置。但是由于《土地储备管理办法》中明确了土地储备机构为市/县人民政府批准成立、具有独立法人资格、隶属于国土资源管理部门的事业单位，并且强调了土地储备机构要与市、县一级财政及人民银行相关分支行等部门进行协调工作，在这些硬性规定下，Y镇的土地储备中心建立条件显得不够成熟，各类土地事项在镇一级无法办理。

《土地储备管理办法》中还提出了储备土地未供应前，土地储备机构可将储备土地或连同地上建（构）筑物，通过出租、临时使用等方式加以利用，土地储备机构也能向银行等金融机构申请贷款，储备土地设定抵押权。这些规定无疑使得土地储备中心的经济效益进一步体现，但对于县级政府来说，如果乡镇土地储备中心建立，一方面会使县级土地储备的利益受到影响（县级土地储备数量减少），另一方面乡镇若大量开展土地抵押借贷，土地管理风险会迅速增加。

种种顾虑使得Y镇的土地储备中心并不能够完全独立建立起来，目前Y镇采取的方式是县国土局将土地储备的功能设置于Y镇土地管理所内。

第7章 Y镇其他管理体制扩权

Y镇强镇扩权改革政策的实施除了对行政管理体制、财政管理体制和土地管理制度有着较为显著的影响外,还对Y镇其他方面如户籍、就业、住房等提出了一定的要求,只是这些改革影响面相对于前面三个方面偏弱。正因如此,Y镇对于这些影响面的关注度不是很高,甚至某些体制在改革政策实施前后并无变化,Y镇依然在按照以往的体制开展各项工作。

7.1 户籍管理扩权实施过程、作用及成效评价

7.1.1 户籍管理扩权实施过程

2007年4月10日,《浙江省人民政府关于加快推进中心镇培育工程的若干意见》(浙政发〔2007〕13号)中对于户籍管理体制改革指出:凡在中心镇有合法固定住所、稳定职业或生活来源的人员及其共同居住生活的直系亲属,均可根据本人意愿办理城镇常住户口,在教育、就业、兵役、社会保障等方面享受与当地城镇居民同等待遇,并承担相应义务;在转为城镇居民之日起5年内,可继续享受农村居民生育政策。2010年10月11日,《中共浙江省委办公厅 浙江省人民政府办公厅关于进一步加快中心镇发展和改革的若干意见》(浙委办〔2010〕115号)中再次强调:全面建立按居住地登记的户籍管理制度,在中心镇有合法固定住所的农村居民,可根据本人意愿,申报登记为城镇户口。在其尚未享受全面城镇居民社会保障待遇前,可继续保留原集体经济组织成员的权益,五年内继续享受农村居民的计划生育政策。已登记为城镇户口,且已置换宅基地和土地承包权的进镇农民,应享受与当地城镇居民同等的待遇。

2009年10月,J县出台了《城乡一体化户籍管理制度改革户口迁移实施细则(试行)》,Y镇一直按照该细则中的规定开展相关工作。农村户籍与城镇户

籍之间的差异主要体现在社会保障方面。由于扩权政策内容对农村居民转为城镇居民后社会保障方面的规定,再加上生育政策在五年之内的保障,农村居民对原有户籍的依赖程度已经有一定程度的下降。加上 Y 镇在推进农房集聚过程中采取了很多优惠政策促使村居民退出原有村落,进入城镇建成范围,农村户籍向城镇户籍转变的过程变得更为迅速和明确。

7.1.2 户籍管理扩权作用及成效评价

2010 年,Y 镇建成区户籍人口为 1.2 万人。2011 年,J 县人民政府出台《关于推进户籍制度改革促进小城市人口集聚的实施意见》,明确了 Y 镇加快人口集聚的手段主要是农房改造集聚和吸引外来人员落户。农房改造集聚政策要求三年转移本镇农户 3000 户、1.1 万人以上,通过创新社会管理体制,使进入城乡一体新社区的农民仍旧享受原有农村居民的政策待遇。外来人口具有大专文凭、助理级职称、高级技工资格等或者积分达标,可在 Y 镇落户,享受当地就业、社会保障、教育及公共卫生等基本公共服务。同时,Y 镇还出台了《Y 镇外来务工人员积分落户暂行办法》,提出具体的外来人口落户办理过程。

2011 年底,Y 镇建成区户籍人口数为 15285 人,较前一年增加 3285 人,增长率为 27%,远超过了《小城市培育试点镇三年行动计划》中落户 1000 人的指标,整体上建成区户籍人口增长较快。

尽管 Y 镇在建成区户籍人口增加方面有了显著的成效,但是就整个镇域而言,户籍人口并未显著增加,2010 年 Y 镇总户籍人口数为 40044 人,2011 年为 40032 人。可以发现,建成区户籍人口增加基本都是因为本地户籍人口向建成区集中,换句话说,实际上是把建成区范围划得更大,将更多的建成区外本地人口就地转换为建成区人口。这一点在 2011 年的数据考核中可以清楚看到,3285 名户籍人口中本地人口就有 3228 人,外来人口仅 57 人。Y 镇镇域总户籍人口没有增加,户籍“本地转换率”较高。

从 Y 镇 2009—2012 年对本镇户籍人口管理的过程来看,建成区户籍人口的快速增加主要依靠本地农村户口的就地转换,这个过程得益于农房拆迁安置的优惠政策的推动,从这个角度来看真正促使户籍转变的因素是经济要素(心理要求的补偿费用),扩权改革政策在经济方面的优惠并不直接和显著。由此可见,当前阶段由于户籍对农村居民及外来居民的制约性并不高,同时户籍管理政策在扩权后并不比以前具备更多的经济效益,该项管理体制的扩权对 Y 镇的发展影响并不大。

7.2 就业保障扩权实施过程、作用及成效评价

7.2.1 就业保障扩权实施过程

小城镇体制改革中就业保障一直是政策要求的一个环节,《浙江省人民政府关于加快推进中心镇培育工程的若干意见》(浙政发〔2007〕13 号)中对就业保障体制提出:建立机构、人员、经费、场地、制度和工作"六到位"的中心镇劳动保障工作平台,加快中心镇人力资源有形市场和就业服务信息网络建设,建立健全农村劳动力转移就业培训制度,促进农村富余劳动力向中心镇非农产业转移。2010 年 10 月 11 日,《中共浙江省委办公厅　浙江省人民政府办公厅关于进一步加快中心镇发展和改革的若干意见》(浙委办〔2010〕115 号)中要求:加快建立城乡统一的就业制度和就业公共服务平台,将准备转移就业的农村劳动者统一纳入城镇居民就业政策和服务范围。积极探索建立城乡统筹、制度和政策相互衔接的社会保障体系,加快推进社会保障制度全覆盖,逐步缩小城乡社会保障待遇差距。

Y 镇在强镇扩权改革实施后迅速强化了原有就业服务部门功能,新建的行政审批服务中心开辟专门场地成立新的劳动就业保障中心,集就业信息发布、技能培训、劳动保障监察、劳资纠纷调处、保险业务办理于一体,中心设主任 1 名,工作人员 12 名。中心下设就业咨询、就业推荐、就业培训、社会保险、劳动维权、纠纷处理等各类窗口,处理求职就业过程中的各类劳动保障事宜,中心经费统一由镇财政解决。

随着 Y 镇产业和城镇空间的进一步拓展,城镇原有农用地的流转使得部分本地居民失去了基本生活保障,此外,城镇功能的提升使本地居民对原有的配套服务提出了更高的要求。在强镇扩权改革政策的影响下,就业保障方面的工作在原来的基础上有了一定的拓展,主要表现为以下两个方面。

(1)为本地居民,尤其是失地农民、闲置劳动力提供更多的就业信息和机会。Y 镇在城镇发展过程中会占用一定的农用地,拓展城镇的产业空间,这会使原有居民失去基本生活保障,镇级政府便通过构建就业信息平台和开展企业居民工作对接等方式帮助失地居民再次获得生活的保障。此外,政府也通过招商和产业发展,增加更多新的就业岗位,希望解决原有闲置劳动力的就地就业问题,不断建立起企业反哺当地居民的机制。每年组织公益性招聘会不少于 4 次,打通企业用工需求和失业农民就业意愿之间的通道,每年达成意向人员均

为 600 多人,其中达成就业协议的人员约占 55%。

(2)为三产服务业发展提供就业保障。Y 镇在发展的同时,城镇的三产服务业也有一定的发展,带动了本地居民消费水平提升,也对城镇的服务业提出了新的人力要求。镇级政府通过就业平台的信息发布、就业引导、职业推荐等方式可以满足服务业人员的新需求,同时促进本地居民充分就业。Y 镇每年对自谋职业的失地人员提供社保补助,年度受益人员 2011 年约 430 人,2012 年为 580 人,补助资金每年 80 万～110 万元。

7.2.2 就业保障扩权作用及成效评价

劳动保障主要包括养老保险、医疗保险、失业保险、工伤保险和生育保险,还包括单位给予劳动者的住房公积金,即通常所说的"五险一金"。我国的劳动保障很多地方采取的是单位和个人共同承担的形式(如养老保险由企业按职工缴费工资总额的 20% 缴费,职工按个人缴费基数的 8% 缴费;医疗保险缴费比例是单位 6%,个人 2% 等),尽管该制度为居民生活提供了有力的保障,但由于缴支的比例关系,我国大部分地区的劳动保障缺口是靠中央和地方财政资金弥补的。

对于 Y 镇而言,尽管强镇扩权改革政策已经实施,但劳动保障方面的工作并未下放,而是由 J 县统筹安排。县级政府必然在县域层面公平对待各小城镇,因此就目前来看,扩权改革政策并不能让 Y 镇在自由支配劳动保障、为本地居民提供更多优惠方面具备优势。

但是,劳动保障对地方财政具有一定的依赖性,Y 镇又在财政管理体制方面有自身的优势。若今后劳动保障制度逐渐归所属地管理,Y 镇在新的财政管理体制下又能够获得更多的财政收入,那么由充裕的财政来补助地方劳动保障的可能性会大大增加,这对小城镇今后集聚人气、保证外来人员长期稳定增长等都具有十分重要的作用。

和户籍管理所要求的内容类似,就业保障也主要是围绕小城镇发展的一种保障机制,事关劳动者合法权益的保护以及整个社会的和谐与稳定。在 Y 镇城镇快速扩张的过程中,对失地农民和闲置劳动力的充分利用,不仅能够解决企业劳动力来源的问题,还能够从一定程度上消除农村社会的不稳定因素,创造一种劳有所得的良性氛围,并在今后的发展中凭借城镇自身经济实力的壮大反哺社会,让城镇全体居民享受到社会发展带来的福利。然而这种保障机制在强镇扩权改革前后并没有特别显著的变化,也没有提及十分明确的区别性措施,政策依旧是宏观性要求和督促,劳动保障的主体依旧围绕县级层面,权力也没有下放,Y 镇仍按照原有的政策要求推动该项工作的开展,就业保障扩权对 Y 镇的发展尚不存在显著的影响。

7.3　住房管理扩权实施过程、作用及成效评价

住房管理体制是指依据有关住房的建设、分配、交接、管理等方面的法律、法规及政策等建立起来的包括住房建设投资、供应、分配、保障等方面的规则和制度,也是社会为居民提供满足其基本生活所需住房的安排,关系到一国的国计民生和社会发展。

2010 年 10 月 11 日,《中共浙江省委办公厅　浙江省人民政府办公厅关于进一步加快中心镇发展和改革的若干意见》(浙委办〔2010〕115 号)指出:"按照城市住房制度改革和住房保障的模式,加快建立完善中心镇住房保障制度,要把登记为城镇户口、已置换宅基地的进镇农民,纳入城镇住房保障体系。鼓励有条件的中心镇把已在中心镇就业并参加社会保险的外来务工人员,纳入城镇住房保障体系。加快推进农村住房改造建设,继续开展农村困难群众住房救助,促进农村人口向中心镇转移集聚。"Y 镇的住房管理方面的政策主要通过宅基地换城镇住房、商品房建设和保障性住房三个措施具体落实。

7.3.1　住房管理扩权实施过程

按照 Y 镇确定的发展项目,2011—2013 年需新增建设用地 1.5 平方千米,这与 Y 镇每年能够获得的用地指标有较大差距,用地供需矛盾十分突出。因此,Y 镇牢牢把握城乡建设用地增减挂钩试点契机,积极开展以农村宅基地移位、复垦增量为主要形式的农房改造集聚工作,不断盘活土地资源,推进土地的集约节约利用和农村居民住房条件改善。2011 年农房改造集聚已上报置换农户数为 1129 户 4090 人,其中一期完成置换签约并安置 860 户 3065 人。2012 年,在 2011 年农房改造集聚置换的基础上新增 885 户 3749 人。

在具体操作过程中,Y 镇推出了让各方都可接受的政策,让农民根据自身需求自愿置换,避免了推进中的诸多矛盾纠纷,也让农民真正得到了实惠,深受农民欢迎。在一期建设推进时,及时将置换户的农村住房及附属建筑等全部拆除,严格按照田成方、路成格、进出水沟渠配套的标准进行复垦,复垦后的土地种植水稻、大小麦、大豆等农作物。通过集聚农户原有宅基地复垦和附属土地整理,Y 镇已经完成土地增减平衡 1032 亩,占该镇总计核准土地周转指标 2345 亩的 44%,其中 1/3 用于农房改造集聚新社区建设,2/3 用于工业项目和城市建设,极大缓解了小城市培育试点建设用地制约。

但是整个宅基地换城镇住房工作的推进需要城镇具备一定经济实力。按拆迁工作的大致情况推算,一户人家能够通过拆迁安置节约土地约 0.8 亩,拆迁补偿等工作每户人家需要政府补贴 25 万～30 万元,这对小城镇的财政实力有一定的要求。随着拆迁安置工作的推进,原有宅基地较大的用户的宅基地已经基本完成置换工作,能够节约出来的土地进一步减少,政府补贴用户的成本随之增加,Y镇的宅基地置换城镇住房的工作推进逐渐放缓,主要原因是政府在该项工作中的支出过大,需要一定的财政缓冲。至 2012 年底,Y 镇二期农民安置房建设项目投资共计 36933 万元,三期投资 6724 万元,四期预计投资45876 万元,这些投资对于 Y 镇而言的确是不小的压力。

由此可见,强镇扩权改革带来的小城镇财政方面的变化会间接影响 Y 镇推行的宅基地换城镇住房工作的推进,Y 镇在自身财政充实的时候会为本镇村民在住房补贴方面带来更多的实惠,相反如果小城镇财政实力不济,会导致类似的工作无法进一步开展,或者是无法按照原有的优惠力度继续进行。

随着 Y 镇城镇建设不断深入,商品房的快速发展成为城镇建设的一大特色,建设各具特色的居住小区对于改善百姓居住环境,提高城镇生活品位有着重要的作用。

2012 年,Y 镇全年建成的小区建筑面积为 132110 平方米,全年在建的小区建筑面积为 53156 平方米,已经吸引五家房地产开发有限公司来镇里进行商品房开发销售。与此同时,建成区周边地块有新的房地产商开始商谈购地开发事宜,还有一家投资公司拟在新的城镇中心建设商业综合体一处……商品房投资开发建设的规模超过以往之和,城镇商品房价格在 5000 元/平方米左右,为丰富当地居民的生活选择创造了一定的物质基础。

商品房开发建设的集中,从一个方面反映了强镇扩权改革政策带来的影响,即在一定程度上改善当地居民生活条件,并且使得小城镇的景观风貌和城市形态进一步提升。

J 县从 2005 年开始,先后出台了《城镇廉租住房保障办法》和《城镇经济适用住房管理办法》等住房保障政策。在 2012 年开展的城镇住房保障“十二五”规划中期评估工作中,确定 2013—2015 年 J 县保障性住房建设目标为 2170 套,与此同时将不断扩大住房性住房货币补贴形式适用范围,力争到 2015 年,城镇住房保障覆盖面达到 20%,基本实现收入在人均可支配收入 60% 以下的城镇住房困难家庭廉租住房“应保尽保”,基本满足收入在人均可支配收入 80% 以下的城镇住房困难家庭购买经济适用住房的需要,基本满足城镇中等偏下收入住房困难家庭租住公共租赁住房的需要。

为了确保群众的知情权,打造保障性住房阳光工程,J 县始终将保障性住房在县级层面进行统筹,实施保障性住房申请条件、申请程序、保障房源、分配过程、分配结果"五公开"制度。2010 至 2013 年,J 县已累计受理经济适用住房申请 2053 户,公示 1497 户,完成分配 1086 套;累计受理廉租住房申请 476 户,公示 274 户,完成分配 94 套,新增补贴 166 户。

由此可见,J 县始终在全县层面进行县级保障性住房综合性安排,受理的申请条件也在全县统一,并不会因为 Y 镇的强镇扩权改革而有一定侧重。这也从一个方面反映了 Y 镇与县城在管理权限方面依旧存在较大差距,Y 镇所处的地位不会因为某个改革的推进而完全改变。

7.3.2　住房管理扩权作用及成效评价

住房管理扩权政策中提出的仍然是住房保障制度的确立原则,同时提出加快推进农村住房改造建设,继续开展农村困难群众住房救助,促进农村人口向中心镇转移集聚,关注的焦点更多的是今后保障外来人员、进镇农民能够享受与城镇居民一样的住房保障福利,住房管理政策的内容在强镇扩权改革前后并未有显著的变化。从当前阶段 Y 镇在住房管理方面的主要工作可以看出,农村居民宅基地换城镇住房和商品房建设主要还是依托城镇自身经济实力的发展,与住房管理政策要求并不直接相关,政策中要求的推进新的住房保障体系工作的主体仍是县城,Y 镇并没有因为扩权改革的实施在政策中获得更多住房保障优惠,因此住房管理扩权对 Y 镇的发展影响并不显著。

第8章 浙江省强镇扩权改革政策总体评价

在各个管理体制改革过程中,小城镇各类发展要素表现出了不同的变化特征,影响小城镇发展的程度也各不相同。在小城镇发展过程中,各要素变化过程相对独立但也相互交错,使得小城镇在多方面呈现出一定的改革成效。本章主要从两个方面对强镇扩权改革政策进行绩效评价,一是定性归纳总结政策的实施(第8.1节),二是利用扩权改革政策中考核指标的层次分析,尝试对改革政策进行初步的定量评价(第8.2和8.3节)。

8.1 改革政策实施过程、作用及成效评价

通过对强镇扩权改革政策影响的各个要素的变化过程进行细致分析,发现各个要素的受影响程度不同,针对部分要素的改革在现阶段完成较为迅速,并且在县—镇地方政府中得到了较高的认同,然而针对有些要素的改革实施效果欠佳,甚至会停滞或者反复。这从一个方面说明了一项改革政策的实施过程是较为复杂的,应该选择相对条件成熟的要素开展并获得期望效果,而对于有些要素则需要逐步推进,或者是不断构建促进其实施的有利条件。

从改革政策作用于小城镇各个发展要素的过程和效果来看,当前阶段地方政府最为关心和受政策影响最为直接的主要是行政管理体制、财政管理体制、土地管理制度,这三项体制均可以直接为小城镇带来发展不可或缺的资源要素,对小城镇发展的促进作用也最为直接和显著。其他管理体制如户籍管理、就业保障、住房管理等对小城镇发展的影响较弱,甚至往往被忽略。然而,这三项体制的改革并非齐头并进,有的开展较为顺利,有的开展相对滞后,其中最主要的阻碍因素是我国相关的法律法规对各级政府的职能进行了明确的规定,在保证国家行政体系不变的前提下,要想打破原有制度的束缚,并非是一朝一夕

的事情。各级地方政府在政策推进的过程中不断探索新的方式方法,即便在条件不是很成熟的情况下也能够点上突破,逐步推进,利用实践中的各种经验反过来不断修正改革政策。

总体来看,三项体制中行政管理体制改革开展较为迅速。行政管理体制改革中的审批权限下放尽管在实施过程中依旧有很多问题需要解决,但执行过程最为迅速,县级行政审批服务中心在省级文件出台后立刻着手对可下放审批权限进行了一定的梳理;政府机构调整仅见诸文件,并未实质性实施;人事改革是较为纠结的环节,小城镇在人员编制上获得了政策倾斜,但由于人事引进权限不归乡镇,倾斜的指标并未落实到位,领导干部高配虽然已经开展并收到一定成效,但人员流动性下降。财政管理体制改革执行较为"彻底",也相对较快,主要经验是县级部门及早确定了新的财政体制用以规范具体的操作,小城镇在这个过程中得到的实惠最为直接和显著,可是也对县级主体和其他乡镇提出了更高的要求。土地管理制度调整执行方式最为单一,涉及面也最为狭窄,由于宏观政策对于土地使用的控制,土地管理制度改革尽管涉及内容少,但成为当前地方政府较为关注的内容,地方政府也试图通过其他措施的调整在土地管理方面有一定的突破和创新。扩权改革实施总体评价如表8.1所示。

表8.1　扩权改革实施总体评价

改革体制		条件	开展速度	涉及面	实施内容	执行效果	改革实质性
行政管理体制	机构优化	不成熟	较迅速	镇	机构调整	较差	非实质性
	人事改革	一般成熟	较迅速	县、镇	编制、高配	一般	非实质性
	审批权限	一般成熟	较迅速	县、镇	部分权限	一般	半实质性
财政管理体制		成熟	迅速	县、镇	财政体制	较好	非实质性
土地管理制度		不成熟	最缓慢	县、镇	土地指标	较差	非实质性
户籍管理体制		较成熟	较缓慢	镇	户籍标准	一般	非实质性
就业保障体制		较成熟	较缓慢	镇	就业劳保	一般	非实质性
住房管理体制		较成熟	较缓慢	镇	住房保障	一般	非实质性

从表8.1可以看出,当前阶段小城镇的机构优化和土地管理方面的改革条件尚不够成熟,因此成效较差;财政管理体制改革相对于其他改革而言最为便捷,条件也较为成熟,执行效果相对最好;人事改革和审批权限下放由于受到高度重视且能为小城镇带来直接效益,开展较为迅速,但是由于当前改革条件受到一定限制,改革的成效较为一般;户籍管理、就业保障和住房管理体制尽管当前开展的条件较好,但由于对小城镇发展的直接影响不够显著,开展过程较为缓慢,得到的效果也一般。

从所有体制改革的实施内容以及实施结果来看,当前扩权改革大部分都并非实质性的变革,扩权改革的主要影响表现为小城镇发展要素的集聚,小城镇没有从根本上脱离县级层面的管理,单独在某个方面自由发展。但是,这次改革松动了县镇两级之间的关系,尤其是审批权限的下放,标志着镇级政府职能开始调整,相比传统意义上的乡镇职能,已经算迈出了转变的步伐,可称为半实质性改革,为后续改革政策的制定积累了一定的经验。

除了对强镇扩权改革政策对小城镇各管理体制的影响进行总体评价外,还可以就其对 Y 镇发展要素的各方面影响进行一定的判断,并对改革政策直接影响市场要素,从而影响 Y 镇建立一定的认识,从而对强镇扩权改革政策当前阶段执行的成效与政策初衷有更为直观的了解。

当前阶段浙江省执行的强镇扩权改革是以政府管理体制改革为主的政策手段,其会在一定程度上影响小城镇的诸如人员、资金、土地等要素,部分改革以直接赋予要素为主,部分则通过建立新的制度来保证要素的增长。此外,改革政策的利好消息也会促进小城镇所处市场环境变得活跃,刺激某些市场要素发生一定的变化,这些变化同时也能作用于小城镇的发展。

政府管理体制改革的成效与政策的"期望值"有一定的偏差,主要表现在一些改革措施并不能按改革政策要求百分百地执行,例如人员编制数量仍由全县平衡,Y 镇没有人事权,土地储备中心的建立由于与法律法规之间存在矛盾未能真正开展。在将要素直接赋予小城镇方面,进展较为顺利,资金、土地指标基本上能够落实,较好地完成了改革政策的要求,新建立的财政管理体制更为 Y 镇的发展提供了一定的制度保障。因此,就当前阶段政府体制改革对小城镇发展要素作用的成效来看,在某些环节改革实施效果甚至好于改革政策的要求,但在一些环节改革处于初步开展或尚未推进阶段,政策总体执行成效在三到四成。

强镇扩权改革政策主要通过推进政府管理体制改革来促进小城镇发展,政策更多地表现为对小城镇直接赋予例如资金、土地指标等资源要素,因此政策促进小城镇发展的成效较为有限。从市场主要涉及的信息、资金、土地、劳动力等资源要素来看,由于改革政策的执行,企业、公众对小城镇的发展前景更为看好,这些要素的质量和数量有一定改善,这从访谈中可以看出。但是由于机构、政策改革刚起步或是尚不具备条件,土地要素的二、三级市场并未在 Y 镇建立起来,土地储备及交易的真正价值未能体现,金融借贷机构也未能展现出调节补充资金的功能,因此当前阶段改革政策成效与政策期望值仍有一定的距离。

> 招商过程中同等条件下,企业肯定会选择有政策倾斜或条件优惠的地方落户。
>
> ——Y 镇招商部 Q 主任

8.2　改革政策作用及成效比较分析评价

强镇扩权改革政策 2011 年开始在 Y 镇正式实施。通过对改革政策实施后几年间的 Y 镇发展进数据行纵横向比较,可以从一个角度尝试说明改革政策的大致绩效(见表 8.2)。

表 8.2　2010—2013 年 J 县乡镇 GDP 增长情况

地区	2013 年		2012 年		2011 年		2010 年	
	GDP/亿元	GDP增长率/%	GDP/亿元	GDP增长率/%	GDP/亿元	GDP增长率/%	GDP/亿元	GDP增长率/%
XT 镇	40.74	12.76	36.13	18.77	30.42	19.11	25.54	16.84
GY 镇	23.24	3.98	22.35	3.28	21.64	16.53	18.57	7.76
TZ 镇	16.87	0.78	16.74	10.28	15.18	32.92	11.42	13.89
TN 镇	29.85	−2.39	30.58	7.34	28.49	15.91	24.58	6.69
DY 镇	15.24	7.32	14.20	6.93	13.28	9.39	12.14	7.88
Y 镇	70.03	14.35	61.24	21.24	50.51	20.26	42.00	18.58
全县	374.25	8.37	345.36	6.86	323.20	17.05	276.11	10.67

数据来源:J 县相关年份统计年鉴。

从表 8.2 可以看出,Y 镇在改革政策开展后的第一个三年行动中,GDP 增长情况表现出了以下特点。

(1)GDP 基数较大,增长率较高。除 2013 年增长率为 14.35%,2011—2012 年的增长率均保持在 20% 以上,与其他乡镇相比均具有明显的优势。Y 镇每年的 GDP 增长量也较大,2011—2013 年 GDP 年平均增长率位于所有乡镇之首,并高于全县平均增长率约 8 百分点。所有这些数据表明,Y 镇在改革后发展态势较好,乡镇经济能够快速发展,在保证 GDP 基数不断增长的同时保持了较高的增长率。

(2)增长较为稳定。2010—2013 年 Y 镇的 GDP 增长率都能保持在 15% 左右,平均增长率达到 18.60%,这种发展的平稳态势表明了 Y 镇经济发展的持续性。与县域其他乡镇相比,除 XT 镇的 GDP 增长率能够保持两位数外,DY 镇的 GDP 增长率较为稳定,但增长率较低,其他乡镇的发展表现出了一定的不稳定性,TZ 镇从 30% 以上的 GDP 增长率迅速下降至 1% 以下,TN 镇 GDP 在 2013 年甚至出现负增长,对比之下,Y 镇的经济发展保持了较为稳定的态势。

2009 年 Y 镇进行了行政区划调整,一来原乡镇与现有乡镇数据可比性差,二来由于区划调整,2010 年 Y 镇经济较以往有了较大改善,因此无法用 2011—2013 年 GDP 的平均增长率与以往 Y 镇 GDP 增长率进行比较。可以选择 XT 镇作为参考,2013 年其 GDP 和 Y 镇 2010 年 GDP 总量基本持平,2014 年 XT 镇 GDP 为 44.72 亿元,增长率为 9.77%,按照这一常规发展速度,Y 镇 2011 年 GDP 增长率应该也在 10%左右,即便是考虑到 Y 镇经济发展态势较好,若除去小城镇经济发展常规增长因素,其余的增长率应该可以归为强镇扩权改革政策的成效,大致在 5 百分点。

8.3　层次分析法对改革政策综合效益评价

强镇扩权政策通过项目审批、财政管理、土地管理等方面的改革影响小城镇发展,效果体现在小城镇发展的具体指标中,由此构建出了一定的层级联系。对于改革政策进行适当的定量分析来进行综合评价,即是对前面论述成效的整体体现,也能够对改革政策进行较为全面的评价提供除定性分析以外更多的视角。

单用定性的方法来评价扩权改革存在一定的制约性,但如果全部用定量方法,需要构造一定的数学模型来模拟,而模型构造的过程中需要的某些定量数据并非能单纯用数据来表示,同时系统内部的很多因素并不能用单纯的量化关系来表达,因此可以考虑政策整体由若干个相互关联的子系统构成,再根据同一系统内部不同要素的重要性做出评价,从而开展进一步的分析。鉴于上述一些考虑,可以选择较为简洁实用的层次分析法(analytic hierarchy process,AHP)来分析政策对小城镇经济、社会等方面的影响,此方法适用于定性或定量兼有的决策分析,提供给决策者直接进入分析过程、将科学性与艺术性有机结合的有力渠道,是一种十分有效的系统分析和科学决策方法(江渝,2011)。

8.3.1　建立指标集

要采用层次分析法,首先要把问题条理化、层次化,构造一个层次分析结构模型。最高层表示解决问题的目的,即应用该方法时所要达到的目标,这里以强镇扩权改革总体综合效益作为总目标;中间层表示采用某种措施或政策来实现预定目标涉及的中间环节,一般又分为策略层、约束层或准则层等,在此研究中包括小城镇的经济发展、社会发展和城镇建设方面的要求;最低层表示解决问题的措施或方案,可以通过小城镇各方面发展的具体指标体现。

重点参考小城市试点改革工作中的三年行动计划指标,原指标共有 57 项,考虑到一些指标的包含性和部分指标仅涉及有无或是不存在变化,对 57 项指标进行了一定的筛选,最终确定了 31 项指标,并将这 31 项指标分在经济发展、社会发展和城镇建设 3 个类别中,考虑到各类别内指标数量不宜过多并结合原来考核指标的分类情况进行选取和分类,结果如表 8.3 所示。

表 8.3　2010—2013 年扩权改革总体评价指标选取和分类

类别	指标名称	2010 年	2011 年	2012 年	2013 年
经济 发展	投资总额/亿元	27.50	30.90	47.19	49.55
	GDP/亿元	42.00	50.51	61.24	70.03
	财政总收入/亿元	3.30	5.18	6.02	7.36
	城镇居民人均可支配收入/元	28000	32249	35561	40010
	农村居民人均纯收入/元	15976	18891	21079	23853
	三次产业比重	10:70:20	9:69:22	9:67:24	8:66:26
	二、三产业从业人员比重/%	86.00	88.16	89.57	91.00
	农村土地承包经营权流转率/%	25.00	28.24	32.72	35.68
社会 发展	建设用地面积/公顷	90.00	104.67	100.40	76.29
	建成区面积/km²	6.50	7.15	7.97	9.00
	城市道路/km	50.00	55.80	66.04	75.80
	公共停车场泊位/个	500	605	850	1012
	管道煤气入户率/%	10.00	44.80	44.63	56.90
	数字电视入户率/%	50.00	70.20	90.36	98.20
	大型商场(商贸综合体)面积/m²	0	36141	46582	47544
	金融机构数量/个	2	4	5	6
	建成区绿化覆盖率/%	25.16	17.35	27.58	27.94
	人均公共绿地面积/m²	9.34	10.30	9.03	9.20
	污水集中处理率/%	80.00	80.23	81.91	83.81
城镇 建设	建成区常住人口/万人	3.70	4.30	4.52	4.61
	建成区常住人口集聚率/%	54.00	62.55	65.00	66.00
	每千人医院床位数/张	0.58	0.81	1.39	1.38
	每千人医生数/人	1.400	0.538	1.470	1.450
	城乡居民养老、医疗保险参保率/%	93.00	95.20	98.48	99.03
	城镇登记人口失业率/%	1.50	1.50	0.53	0.82
	行政审批服务中心集中办理事项/项	0	63	129	129
	综合执法事项/项	—	397	429	1812
	户籍制度改革进城落户人员数/人	0	3285	683	1696
	就业保障服务中心介绍就业人员数/人	500	1205	1505	2067
	就业保障服务中心处理劳资纠纷数/件	50	106	92	112
	农村宅基地换城镇住房户数/户	900	1129	885	1017

数据来源:Y 镇小城市培育试点考核材料。

8.3.2 指标值无量纲化

在评估之前,必须对选取的指标数据进行预处理,即无量纲化。多指标评价过程中,各个指标的单位不同、量纲不同、数量级不同,不便于分析,甚至会影响评价的结果。为统一指标,首先要对所有的评价指标进行无量纲化处理,以消除量纲,将指标值转化为无量纲差别、无数量级差别的标准分,然后进行分析评价(樊红艳,2010)。

指标无量纲化的方法较多,依据目前数据的特点,为尽量保持原有数据的整体一致性和关联性,采用平均化方法更为科学合理(樊红艳,2010)。建立评价模型时,有 n 个对象,m 个指标,采用的平均化公式为

$$Y_{ij} = X_{ij}/\overline{X}_j (i=1,2,\cdots,n;j=1,2,\cdots,m)$$

式中,X_{ij} 表示第 i 个对象的第 j 个指标的实际值,$\overline{X}_j$ 表示第 j 个指标的平均值。原始的指标矩阵经无量纲化处理后得到标准化矩阵 Y_{ij},Y_{ij} 表示第 i 个对象的第 j 个指标的标准化值。平均化后各 Y_{ij} 值的分布仍与原相应 X_{ij} 值的分布相同,适用于呈正态分布或非正态分布指标值的无量纲化。

8.3.3 指标权重的确定

权重是评价指标对评价目标作用的大小,体现人们对各指标相对价值的统一认识,反映该指标对评价的综合意义(张娟,2006)。本书采用 AHP,邀请相关专家(主要为政策实施过程中涉及的省、市、县各层面对强镇扩权改革政策有一定了解的人员),组成一个判断群体,构成判断矩阵。各专家对不同指标的重要程度进行判断,即对指标进行两两比较,确定各因素的相对重要性,并根据 AHP 标度表给出相对重要性的数量关系,得到权重打分表。指标的相对重要程度用 1～9 九个等级来表示(见表 8.4),尽可能地通过标度表达指标引起人们感觉差别的具体情况。

表 8.4 权重标度

相对重要程度	定义	解释
1	同等重要	决策人认为两个属性同样重要
3	略微重要	决策人由经验认为一个属性比另一个略微重要一些
5	相当重要	决策人由经验或由判断认为一个属性比另一个重要
7	明显重要	决策人深感一个属性比另一个重要得多
9	绝对重要	决策人强烈地感到一个属性比另一个重要得多得多
2,4,6,8	两相邻判断的中间值	当决策人认为两属性相对重要性在某两者之间,需要取折中数值时

专家对指标集中的 31 项分别打分,构成矩阵,同时对 3 个类别赋予一定权重,经过矩阵计算后得到各指标关于改革政策的综合效益相对权重值。在计算

各层元素对系统目标的合成权重时,要进行数据一致性检验,进行总排序,以确定结构图中最低层各个元素在总目标中的重要程度。

8.3.4　评价方法及评价结果

对强镇扩权改革政策总体上对小城镇发展要素的作用成效进行评价,选取了 31 项指标,运用各指标的权重值以及处理以后无量纲化的数值来计算改革综合效益评价值。

$$Y = \sum_{i}^{n} w_i x_j (j = 1, 2, \cdots, n)$$

式中,Y 为改革综合效益评价值,w_i 为各指标的权重值,x_j 为无量纲化后的数值。

根据前述指标权重计算和改革政策绩效评价模式确定的方法对强镇扩权改革政策 2010—2013 年来对 Y 镇发展要素产生的综合成效进行计算,结果如表 8.5 所示。

从最后的合计数值可以看到,强镇扩权改革政策综合效益 2010—2013 年逐年增加,至少可以说明改革政策从宏观上是合理有效的。从数值的增长情况来看,在三年行动计划中,2012 年改革政策的综合效益最为显著,而由于整体发展投资情况趋缓,2013 年改革政策的效益相对降低,然而 2011—2013 年 Y 镇总体呈现了较为稳步的发展。

在经济发展、社会发展和城镇建设 3 个类别中,经济发展占据了较大的比重,为专家权重的近七成,城镇建设已经越发引起人们的重视,除了具体开展的项目建设外,城镇软环境配套也成为衡量小城镇综合发展的重要内容。

就每项具体指标而言,GDP 总量和财政总收入成为 Y 镇发展中最受到关注的指标,两个数值在 2010—2013 年都保持了较好的增长,这从一个方面反映了强镇扩权改革政策仍然是以促进小城镇经济发展为基础的。所有指标中,建设用地面积有明显下降,说明目前宏观调控背景下土地资源要素对 Y 镇建设发展的制约作用。

需要说明的一点是,强镇扩权改革政策给 Y 镇带来的成效并不能完全由各项城镇发展指标体现出来,中间也存在原来城镇发展惯性带来的城镇效益增加,应该在所有的成效中将这一部分因素的影响排除掉,较为简便的方法是将增长与常规发展相比,高出的部分应是扩权改革实施带来的成效,可以通过数据分析确定净成效值的大致范围。然而,由于 Y 镇 2009 年进行了行政区划调整,合并了其他乡镇,整体变化较大,之前城镇发展的状况与当前状况的可比性存在较大偏差,对于强镇扩权改革政策带来的具体成效尚不能够较为准确地量度,只能够大致反映出 Y 镇在宏观上的综合效益情况。但无论如何,上述定量分析方法能够为测算改革政策实施的成效提供一种较为可靠的评价思路。

表 8.5 2010—2013 年 Y 镇各项指标转换

类别	指标名称	无量纲化（采用平均化方法）				权重	无量纲化数据与权重乘积			
		2010 年	2011 年	2012 年	2013 年		2010 年	2011 年	2012 年	2013 年
经济发展	投资总额	0.64635	0.72626	1.10914	1.16460	0.09435	0.06099	0.06853	0.10465	0.10989
	GDP 总量	0.69315	0.83359	1.01067	1.15574	0.24476	0.16965	0.20403	0.24737	0.28288
	财政总收入	0.53341	0.83728	0.97306	1.18966	0.17755	0.09471	0.14866	0.17277	0.21122
	城镇居民人均可支配收入	0.77908	0.89730	0.98945	1.11324	0.03045	0.02372	0.02732	0.03013	0.03389
	农村居民人均纯收入	0.75095	0.88797	0.99082	1.12121	0.02148	0.01613	0.01907	0.02128	0.02408
	三农产业比重	1.47684	0.88349	1.00185	1.11467	0.06498	0.09596	0.05741	0.06510	0.07243
	二、三产业从业人员比重	0.96007	0.98418	0.99993	1.01589	0.04435	0.04257	0.04364	0.04434	0.04505
	农村土地承包经营权流转率	0.77608	0.87666	1.01573	1.10762	0.01305	0.01013	0.01144	0.01325	0.01445
社会发展	建设用地面积	0.95962	1.11604	1.07051	0.81344	0.02666	0.02559	0.02976	0.02854	0.02169
	建成区面积	0.80846	0.88930	0.99129	1.11940	0.01986	0.01606	0.01766	0.01969	0.02223
	城市道路	0.75896	0.84699	1.00243	1.15058	0.01187	0.00901	0.01006	0.01190	0.01366
	公共停车场泊位	0.60803	0.73571	1.03364	1.23064	0.00136	0.00083	0.00100	0.00141	0.00167
	管道煤气入户率	0.20502	0.91847	0.91499	1.16654	0.00388	0.00080	0.00357	0.00355	0.00453
	数字电视入户率	0.57969	0.81388	1.04761	1.13851	0.00388	0.00225	0.00316	0.00407	0.00442
	大型商场（商贸综合体）面积	0.00000	0.80000	1.00000	1.20000	0.00834	0.00000	0.00694	0.00895	0.00913
	金融机构数量	0.40000	0.71429	1.13545	1.15027	0.00665	0.00266	0.00532	0.00665	0.00798
	建成区绿化覆盖率	1.03582	1.08307	0.94953	0.96740	0.00250	0.00259	0.00271	0.00284	0.00288
	人均公共绿地面积	0.98212	0.97861	0.99911	1.02228	0.00250	0.00246	0.00179	0.00237	0.00242
	污水集中处理率	0.97581	0.97938	1.00000	1.02320	0.00388	0.00379	0.00380	0.00388	0.00397

续表

类别	指标名称	无量纲化（采用平均化方法）				权重	无量纲化数据与权重乘积			
		2010 年	2011 年	2012 年	2013 年		2010 年	2011 年	2012 年	2013 年
	建成区常住人口	0.82651	0.96054	1.00968	1.02978	0.05554	0.04591	0.05335	0.05608	0.05720
	建成区常住人口集聚率	0.83699	0.96952	1.00749	1.02299	0.04133	0.03459	0.04007	0.04163	0.04228
	千人医院床位数	0.48603	0.67877	1.16480	1.15642	0.02363	0.01149	0.01604	0.02753	0.02733
	千人医生数	1.21457	0.46674	1.27530	1.25795	0.02762	0.03354	0.01289	0.03522	0.03474
	城乡居民养老、医疗保险参保率	0.95316	0.97571	1.00933	1.01496	0.01977	0.01885	0.01929	0.01996	0.02007
	城镇登记人口失业率	1.57895	1.57895	0.55789	0.86316	0.01581	0.02496	0.02496	0.00882	0.01364
城镇建设	行政审批服务中心集中办理事项	0.00000	0.58879	1.20561	1.20561	0.00917	0.00000	0.00540	0.01106	0.01106
	综合执法事项	—	0.45148	0.48787	2.06065	0.00974	—	0.00440	0.00475	0.02007
	户籍制度改革进城落户人员数	0.00000	1.73994	0.36176	0.89831	0.00511	0.00000	0.00888	0.00185	0.00459
	就业保障服务中心介绍就业人员数	0.31400	0.75675	0.94515	1.29810	0.00397	0.00125	0.00301	0.00375	0.00516
	就业保障服务中心处理劳资纠纷数	0.48387	1.02581	0.89032	1.08387	0.00355	0.00172	0.00364	0.00316	0.00385
	农村宅基地换城镇住房户数	0.89080	1.11745	0.87595	1.00660	0.00240	0.00213	0.00268	0.00210	0.00241
	合计					1.00000	0.75434	0.86048	1.00865	1.13087

第9章 结论与展望

9.1 研究结论

　　本书以当前浙江省如火如荼开展的强镇扩权改革为研究背景,并延伸至小城市试点镇工作,针对性地选择 J 县 Y 镇为研究对象,从改革政策实施过程着手,研究政策因素如何作为动力机制影响小城镇的发展,从行政管理体制、项目审批权限、财政管理体制、土地管理制度等方面细致展现改革政策如何与小城镇发展要素联系起来,初步探讨了这些影响的当前实际成效,并对改革政策从定性及定量两个角度进行了总体的评价,形成以下研究结论。

9.1.1 改革政策通过改变小城镇权力结构影响小城镇发展要素

　　强镇扩权改革政策内容较为综合,包含各方面管理体制的政策要求,这些要求主要是通过改变小城镇权力结构影响小城镇获得各种发展要素的能力,从而实现更多的增长。

　　小城镇的权力结构是小城镇组织各项发展建设的核心机构,拥有各类项目的审批权限、管理执法权限、财务处置权限、组织人事权限等许多决策和实施的权力,这些权力表明了小城镇在城镇建设过程中主要的职能和工作范围,也决定了小城镇在怎样的框架中实现自身的各种发展。

　　扩权改革政策中采取的各项措施与小城镇的权力结构恰好是一一对应的。例如行政管理体制改革对小城镇今后的政府职能、机构优化、人员配置等提出了新的要求,因此小城镇原有的审批权限和组织人事权等权力必须进行适当的调整,调整后的工作职能无疑会使小城镇在资源配置、人力资源组织等方面产生不同于以往的变化,这些变化带来的影响又直接在小城镇的发展中体现出来。同样,财政管理体制改革会作用于小城镇权力结构中的财务处置权限,土地管理体制改革会作用于小城镇权力结构中的土地处置权限……这些构成了强镇扩权改革政策与小城镇发展的紧密作用过程,这个过程随后也将影响小城镇的各类发展资源要素。

在改革各项管理体制的过程中,每项管理体制都会分解成几项具体的执行要素,由县级部门或省级部门作为政策的执行主体,起到指导、协调或督促政策开展的作用,在政策推进过程中,其他县级部门会出于自身管理的需要介入,对政策开展提出本部门的要求,最终镇级政府的职能部门将作为政策的实施部门对接上述各种要求,体现出镇政府的协调、反馈作用。

在改革政策实施过程中,各项保障措施必须协调同步开展,主要包括两个方面。

(1)具体政策内容之间的协调同步。例如行政综合执法权下放必须依据已经明确的审批权限,如果镇一级的权限实施细则未能及早建立,行政执法只能处于一种"无法可依"的状态;对于审批权限而言,具体办理事项的许可要经过不同部门之间的协调,如果仅仅一部分部门权限下放而另外一部分部门权限未能下放,则会出现办事效率不升反降的情形。

> 但是目前由于 Y 镇没有一个公安授权的刻章店(该审批权限未下放),所以可能办理事项的时间反而会比直接去 J 县办理长,要来回跑。
>
> ——Y 镇招商办 X 办事员

(2)改革政策涉及的所有相关部门协调同步。权力下放对于各县级部门而言似乎"有碍权威",与此同时部门承担责任更多,各相关机构也都增加了相应的工作内容,这个庞大的行政体系在运作过程中如果某些环节或部门不够协调,会带来整体行政效率的下降。

9.1.2　不同改革政策涉及面对小城镇发展要素的影响成效不同

强镇扩权改革政策主要涉及小城镇行政管理体制、财政管理体制、土地管理制度、户籍管理体制等方面,每一项管理体制改革在具体工作的开展过程中都会由于不同背景环境或是实施条件导致对小城镇发展要素影响带来的成效不同。

行政管理体制改革方面,Y 镇政府职能的强化和拓展成效目前虽不深刻但影响长远,会对小城镇今后的发展起到十分重要的作用。目前政府职能转化重点是审批权限的下放,主要体现在行政成本相对降低、办理事项时间能够节省和小城镇公共服务质量有所提升等方面,但是由于下放的县镇之间意愿有一定错位、下放形式和内容存在一定矛盾等问题,现阶段项目审批权限改革对小城镇发展要素的影响并不大。同时,扩权改革政策中虽然有对小城镇政府机构优化和人员编制的明确规定,可由于原有工作的惯性,以及县级部门依旧掌握着调控权,这些改革均未见显著成效。

财政管理体制改革方面,财政补助和税费优惠支持带来的成效最为显著,使得 Y 镇在短时间内获得了以往不曾有的财政实力,能够开展更多的小城镇建设,这中间省级财政补贴比县级配套补贴更具有自主性,对 Y 镇产生的影响也更为直接。新确定的财政管理体制尽管不能立刻显示出对小城镇发展要素的影响,但是明确了 Y 镇比以往更为有利的发展环境,并且提供了坚实的保障,会在 Y 镇未来发展过程中表现出更为持久的影响。

土地管理制度改革方面,土地指标的直接赋予(指标切块和综合整治)对 Y 镇发展要素的影响十分显著,Y 镇获得了在土地宏观指标受控的背景下更多的发展空间,这种发展成效不仅可以通过 Y 镇与自身前些年的比较体现出来,还能在与县域其他乡镇的比较中表现出明显的优势。建立土地储备中心本应是 Y 镇今后进行土地储备的一个有力保障,但是由于现有法律、制度的约束,该项措施并未体现成效。

由于扩权改革政策当前的侧重点仍为小城镇经济发展,因此其他管理制度改革的力度并不如前述几项体制改革的力度,如户籍、就业保障、住房等方面的改革仅在较为有限的程度上改善了本地居民的生活。

通过对各项管理体制实施先后顺序和有效性的分析,可以对强镇扩权改革政策实施的适时性提出更为实际的建议,选择当前小城镇最迫切需要同时各级政府相对容易把握的政策措施,形成一定的"匹配模式"。

行政管理体制方面,当前阶段宜先开展审批权限下放,而后推进行政综合执法,其中,审批事项仅是办理材料、程序核准内容的,可以委托审批甚至是以直接下放为主,审批事项办理过程中需要进行专业思考和决策的,可以主要采用委托审批的形式。财政管理体制在当前阶段应优先进行专项补助与体制构建,但是探索新的财政体制才是小城镇最为有效和长远的"造血"机制。土地管理制度方面,直接给予土地指标是当前阶段最为容易开展的措施,但持久性不好,应该探索可持续的政策手段。

9.1.3 改革政策总体综合效益增加但与政策初衷仍有差距

通过对强镇扩权改革政策总体实施的成效进行定量分析可以看到,在政策作用下,2011—2013 年 Y 镇的综合效益是增加的,至少可以说明改革政策从宏观上是合理有效的,并且这几年 Y 镇总体上呈现了较为稳健的发展趋势,与县域其他乡镇纵横向比较也可以发现,Y 镇发展速度保持了较高的水平。在小城镇发展中起到较为重要作用的直接投入要素较以往有了较大的改善,主要体现在人员编制调整增加了城镇管理的人力资源、财政补助赋予了小城镇更多资金支持、土地管理制度给予了小城镇更多发展空间。此外,政策实施还带来了一些间接影响,小城镇有了更多的自主建设权力,受到各方面更多青睐,上级部门或者企事业单位会有更多的侧重考虑(优先考虑小城镇的事项或在小城镇办企业)。当前阶段扩权改革获得的成效更多的是通过要素投入带来的,对小城镇发展的影响较为迅速和直接。

但从政策制定的初衷和反复多次强调的改革措施及要求来看,当前的强镇扩权改革与其目标仍有一定的差距。政府行政管理体制转变方面,小城镇政府机构优化和人员编制的配套都未能完全开展,审批权限下放与政策要求的差距尤为显著:①从审批权限下放过程和内容看,整体下放过程反复,Y镇下放数量占县级权限的1/3,开展执行数量占县级权限的1/10,权限内容主要涉及社会管理方面,政策的"含金量"并不高;②从审批权限下放的有效性看,权限并非当前制约小城镇发展的核心因素,小城镇尚无法通过权限下放直接获得额外利益;③从审批权限下放的需求性看,小城镇目前因专业人员缺乏等原因对核心权限渴望程度并不高。财政管理体制改革较好,新确立的财政体制为小城镇今后财力的稳步增长提供了有力的保障,省级财政补贴也能够完全落实到小城镇建设发展过程中,但是由于县级政府自身财政实力的不足,政策中要求的给小城镇的配套经费并不能完全到位并由小城镇自由支配。土地管理制度当前更多地通过具体的土地指标来促进小城镇发展,建立土地储备中心等相关措施由于法律法规等方面的制约并不能立刻实现,与改革政策的要求仍存在一定距离。

从扩权改革实施过程和具体执行情况也可以看出,这次以浙江省牵头的管理体制改革并未打破原有县镇两级管理体系。省级政府并未完全越过县级政府开展所有改革措施,许多改革措施也是在县级层面制定具体的实施细则,镇与县依旧是从属关系而非并列关系,尽管这种关系较以往有略微松动,但镇级政府的命运仍然无法完全掌握在自己手里。

我国宪法和地方人民政府组织法对县镇两级政府的具体责权进行了明确,因此在具体政策实施过程中,除财政专项补助是县级政府"无权"干预的事项外,其余各项改革措施均需要通过县级政府落实到镇级政府,本质上无法彻底使乡镇一级政府拥有县级政府的经济社会管理权限,这从许多镇级政府将投资项目寄希望于县级政府也可以得到证实。

Y镇于2012年7月拟对原卫生院进行改造,计划8月15日前完成扩初设计,9月底前完成施工图设计,10月底招投标,争取12月底开工。名称本应为Y镇医院的项目由于想争取县里额外的补贴,更名为Y镇卫生院扩建项目。然而,直到2013年2月底,项目连环境影响评价报告也尚未完成,主要原因是项目资金筹措困难。通过县镇多次沟通交涉,县政府才予以此项目2000万元的补助。可见,Y镇的财政权限并未完全与其服务职能匹配。

不仅是医院项目,Y 镇中学项目亦是如此。2013 年,Y 镇对于县级政府的依赖程度依旧很高,并非想象中那样具备了县级经济社会管理权限后就能够完全脱离县级政府的管辖。再加上大部分审批权限的执行主体依旧为县级政府,可以看出 2010 年开始的第一轮扩权改革并不彻底,与当初制定政策的期望值仍有不小差距。

然而,这次扩权改革多少往实质性改革方向迈出了步伐,提出了政府职能转变并从审批权限下放开始真正入手,改革的意图是逐渐赋予小城镇与县城基本相同的经济社会管理权限。尽管当前这方面工作还处于开端,小城镇获得并开展的权限还比较少,与其相对应的财政、人事等方面的自主权都尚未实施,但对于整个小城镇体制机制转变而言,已经在朝实质性的改革方向推进。尽管 2010 年的扩权改革并非一步到位,但是县镇两级政府在政策实施过程中都经历了盲目被动向理智主动的转变,逐渐开始理清开展具体工作的手段,并从最初的"无所谓"状态开始向满足"自身需求"过渡,这些现象也表明扩权改革会随着小城镇的发展进一步充实内容,整体改革将逐步趋于完善。

9.2 研究展望

小城镇体制机制改革已成为学术研究的一个热点,围绕强镇扩权改革的试点镇工作在我国很多省份正逐渐展开。在实证案例拓展和比较、理论构建等方面,本书关于体制机制改革对小城镇具体影响的内容有待进一步的完善。

(1)省域范围内扩权改革影响的对比研究

强镇扩权是浙江省针对全省 200 个中心镇开展的改革措施,同时针对 27 个省第一批小城市培育试点镇进行了政策方面的强化,希望能够在全省推广试点镇取得的经验。可以首先从省域层面横向比较改革政策对小城市培育试点镇的影响,在处于不同地域和不同发展阶段的小城镇之间找到改革政策的不同绩效,从而为改革政策的制定提供更具有针对性的合理建议。

(2)具体管理体制措施影响的对比研究

从个案研究中可以看出,改革政策确定的实施细则目前尚由各个县级层面制定,具体的小城镇管理体制改革措施也会因各个县级政府所面临的发展条件不同而不同。某些措施可能在当前发展阶段具有普遍的适用性,这类成功的改革措施应该作为案例被推广,一些特别的做法也可以由于其特殊的发展背景成为今后可能借鉴的经验。

参考文献

布洛维,2007.公共社会学[M].沈原,等,译.北京:社会科学文献出版社:77-84.

柴松岳,2002.政府改革——地方政府职能和运行机制转变研究[M].杭州:浙江人民出版社:7.

常文杰,唐小璐,2010.浅谈扩权强镇过程中的权力对接[J].时代经贸(35):4.

陈根发,2009.论分权与权力制约[J].太平洋学报(6):32-39.

陈国申,罗丹,2014."强镇扩权"改革研究述评[J].广西社会科学(10):151-154.

陈前虎,寿建伟,潘聪林,2012.浙江省小城镇发展历程、态势及转型策略研究[J].规划师,28(12):86-90.

陈剩勇,张丙宣,2007.强镇扩权:浙江省近年来小城镇政府管理体制改革的实践[J].浙江学刊(6):215-221.

陈喜生,2009.省直管县改革:"强县扩权"既不能低估,也不能高估[EB/OL].(2009-01-23)[2015-03-20].http://politics.people.com.cn/GB/30178/8716082.html.

陈晓均,2001.做好土地文章 推动小城镇发展:南京市小城镇建设的土地利用问题与政策调研报告[J].南京社会科学(z2):1-14.

陈燕燕,2011.小城镇发展的动力机制综述[J].城市建设理论研究(17).

崔建远,2011.土地储备制度及其实践之评析[J].国家行政学院学报(1):38-43.

邓恩,2011.公共政策分析导论[M].4版.谢明,伏燕,朱雪宁,译.北京:中国人民大学出版社:107-120.

樊红艳,刘学录,2010.基于综合评价法的各种无量纲化方法的比较和优选:以兰州市永登县的土地开发为例[J].湖南农业科学(17):163-166.

范方志,汤玉刚,2007.政府间纵向分权的契约性质[J].财经问题研究(11):1-14.

傅白水,2007.绍兴试点强镇扩权[J].决策(6):36-37.

顾春,2010.绍兴县:扩权已见效 尴尬难消除(强镇扩权进行时)[EB/OL].(2010-05-13)[2015-03-11].http://politics.people.com.cn/GB/14562/11582033.html.

杭州市国土资源局,2010.城市土地储备制度、模式、效果、问题和对策[EB/OL].（2010-02-07）[2015-03-20].http://yingyu.100xuexi.com/view/examdata/20100207/6EFC2BE5-ABB9-4069-B7CE-BFE55CCD7EAC.html.

何显明,2008.市场化进程中的地方政府行为逻辑[M].北京:人民出版社:54-58.

胡税根,余潇枫,许法根,2011.扩权强镇与权力规制创新研究:以绍兴市为例[M].杭州:浙江大学出版社:200-220.

黄君洁,2010.财政分权与经济增长关系的文献综述[J].产经评论(2):114-125.

建设部课题组,2007.新时期小城镇发展研究[M].北京:中国建筑工业出版社:51-59.

江渝,2011.政策分析方法[M].成都:四川大学出版社:123-125.

金雪梅,2013.中国"省管县体制研究":以浙江省为例[D].重庆:西南政法大学.

康芒斯,2014.制度经济学[M].北京:商务印书馆:187-191.

康少中,2006."市管县"体制改革与城乡协调发展研究[D].长沙:湖南大学.

寇铁军,王耀强,2003.集权与分权的程度对财政管理的影响[J].东北财经大学学报(4):48-50.

李钢,蓝石,2007.公共政策内容分析方法:理论与应用[M].重庆:重庆大学出版社:7-15.

李普亮,2005.乡镇财政收支研究[D].泰安:山东农业大学.

李旺君,王雷,2010.城乡建设用地增减挂钩的利弊分析[EB/OL].（2010-05-21）[2015-03-20].http://www.mlr.gov.cn/zljc/201005/t20100521_149880.htm.

李五四,陈康,2003.中国小城镇发展动力研究[J].北京化工大学学报(4):34-36.

李晓玉,2008.中国市管县体制变迁与制度创新研究[D].武汉:华中师范大学.

李杨,2006.我国土地储备制度研究[D].重庆:重庆大学.

李允杰,丘昌泰,2008.政策执行与评估[M].北京:北京大学出版社:176-192.

连德宏,2007.长江三角洲地区小城镇发展动力机制研究[D].杭州:浙江大学.

刘超,2013."强镇扩权":理论逻辑与实践困境:兼谈中心镇治理模式创新[J].云南社会科学(6):15-19.

刘刚,2013.财政分权理论文献综述[J].财政经济评论(2):38-50.

刘圣中,2012.现代科层制:中国语境下的理论与实践研究[M].上海:上海人民出版社:9.

刘伟,2005.农村税费改革与乡镇财政运行研究[D].南京:南京师范大学.

刘铮,2012.小城镇:成长差异与机制[M].长春:吉林大学出版社:116.

卢晖临,李雪,2007.如何走出个案:从个案研究到扩展个案研究[J].中国社会科学(1):118-130.

卢现祥,朱巧玲,2012.新制度经济学[M].北京:北京大学出版社:422-426.

陆晓华,2010.苏州5镇试点"强镇扩权"[J].江苏农村经济(10):60.

逯萍,2010.强镇扩权:增强乡镇发展活力的有效途径[J].潍坊学院学报(2):98-100.

罗新阳,2010.强镇扩权:发达地区城乡一体化建设的突破口[J].中共杭州市委党校学报(2):37-43.

罗英,2010.珠三角经济发达镇强镇扩权改革研究:以南海区狮山镇为例[D].广州:中山大学.

马斌,2008.政府间关系:权力配置与地方治理:以浙江省、市、县政府间关系为研究案例[D].杭州:浙江大学.

马斌,2009.政府间关系:权力配置与地方治理:基于省、市、县政府间关系的研究[M].杭州:浙江大学出版社:28-31.

孟秀红,2007.长江三角洲地区小城镇发展的动力机制研究:以江苏省太仓市为例[J].乡镇经济(12):10-13.

缪丽华,黄汉权,2006.小城镇发展的若干问题与对策研究[J].农业经济问题,27(7):66-68.

帕顿,沙维奇,2002.公共政策分析和规划的初步方法[M].孙兰芝,胡启生,译.北京:华夏出版社:282-285.

潘丽娜,2010.强镇扩权背景下中心镇规范权力运行的研究[D].杭州:浙江大学.

尚鸿雁,刘小东,2004.当前我国小城镇建设与发展的若干政策研究[J].生产力研究(12):136-138.

史卫东,赵春,2009.关于"强镇扩权"的理性思考[J].小城镇建设(1):78-81.

斯图尔特,赫奇,莱斯特,2011.公共政策导论[M].3版.韩红,译.北京:中国人民大学出版社:108-122.

孙柏瑛,2004.当代地方治理:面向21世纪的挑战[M].北京:中国人民大学出版社:22-24.

孙嘉江,2009.从"强镇扩权"到"扩权强镇":农业现代化背景下浙江小城镇扩权变革研究[D].上海:同济大学.

孙晓文,2001.美国小城镇发展与管理体制见闻[J].开发研究(2):52-55.

汤铭潭,刘亚臣,张沈生,等,2012a.小城镇规划管理与政策法规[M].2版.北京:中国建筑工业出版社:232-235.

汤铭潭,宋劲松,刘仁根,等,2012b.小城镇发展与规划[M].2版.北京:中国建筑工业出版社:38-40.

田莉,2007.论开发控制体系中的规划自由裁量权[J].城市规划,31(12):78-83.

王达梅,张文礼,2009.公共政策分析的理论与方法[M].天津:南开大学出版社:87-92.

王焕祥,2009.中国地方政府创新与竞争的行为、制度及其演化研究[M].北京:光明日报出版社:11-15.

王勤芳,2008.强镇扩权:构建服务型乡镇政府的实证研究[D].上海:上海交通大学.

王绍光,1997.分权的底线[M].北京:中国计划出版社:34-35.

王雄杰,2010.论小城镇政府管理转型[J].学术交流(6):47-49.

韦伯,2006.经济与社会[M].林荣远,译.北京:商务印书馆:238-248.

魏涛,2008.强镇扩权:一个乡镇改革模式的研究样本[J].湖南工程学院学报,18(1):29-32.

吴爱明,2009.地方政府学[M].武汉:武汉大学出版社:500-501.

吴德刚,王德,2013.我国"强镇扩权"政策的理论渊源及嬗变历程[J].现代城市研究(8):99-103.

吴胜隆,2006.加快小城镇建设的动力机制探讨[J].国土资源(3):18-19.

吴康,方创琳,2009.新中国 60 年来小城镇的发展历程与新态势[J].经济地理(10):1605-1611.

吴兴智,2010.从扩权强县到强镇扩权:地方治理中的权力配置[J].行政管理改革(6):45-48.

吴勇波,2008.我国分税制财政体制存在的问题及对策[D].湘潭:湘潭大学.

肖加元,2005.分税制框架下的转移支付制度研究[D].武汉:武汉大学.

谢明,2010.公共政策分析[M].北京:首都经济贸易大学出版社:100-103.

谢明,2013.公共政策导论[M].北京:中国人民大学出版社:231-235.

谢庆奎,2005.中国地方政府体制概论[M].北京:中国广播电视出版社:76-77.

谢雯菁,2013.我国省管县体制改革的研究[D].北京:首都经济贸易大学.

徐剑锋,2007.浙江需要"强镇扩权"还是"弱镇放权"?[J].观察与思考(12):30-31.

徐进科,2011.中心镇培育:以扩权强镇为突破口[J].浙江经济(1):47-48.

徐现祥,王贤彬,2011.中国地方官员治理的增长绩效[M].北京:科学出版社:14-22.

徐小玲,2010.强县扩权促进县域经济发展问题研究[D].合肥:安徽大学.

许斌,2011."扩权"之权,应是权利而并非权力[J].决策探索(13):12.

许经勇,2007.强省先强县,强县先强镇[J].湖南城市学院学报,28(5):37-40.

亚里士多德,2006.政治学[M].呼和浩特:远方出版社:196.

杨帆,2003.地方政府与地方城镇发展:城市规划难以回避的一个体制问题[J].
　　城市规划,27(11):19-23.

姚莉,2008.论乡镇政府的社会治理能力:现状、改革及启示[J].经济与社会发
　　展(10):60-63.

姚莉,2009.财权与事权配置视角下的乡镇改革趋势:兼评"乡财县管"与"强镇
　　扩权"[J].农村经济(2):8-11.

姚先国,2009.浙江:从"强县扩权"到"强镇扩权"[N].人民日报,2009-03-23.

佚名,2013.《中国城市发展报告 2012》发布[EB/OL].(2013-07-05)[2015-03-
　　20]. http://news. idoican. com. cn/zhjzb/html/2013-07/09/content _
　　4918595. htm? div=-1.

英格拉姆,卡伯内尔,2011.精明增长政策评估[M].贺灿飞,邹沛思,尹薇,译.
　　北京:科学出版社:12-22.

俞可平,2000.治理与善治[M].北京:社会科学文献出版社:30-32.

曾维和,2009.发展中国家分权化治理的进程、框架及际遇考察:从分权化改革
　　到分权化治理[J].甘肃行政学院学报(4):34-41.

张丙宣,2010.科层制、利益博弈与政府行为:以杭州市 J 镇为个案的研究[D].
　　杭州:浙江大学.

张丙宣,2011.科层制、利益博弈与政府行为:以杭州市 J 镇为个案的研究[M].
　　杭州:浙江大学出版社:55-59.

张红程,2005.中国分税制财政体制问题研究[D].保定:河北大学.

张红日,2009.浙江扩权强镇改革的背景、实践与政策建议[J].改革探索(7):27-28.

张杰,2009.西方分权理论与实践研究:以英法美三国为例[M].北京:中央民族
　　大学出版社:23-24.

张娟,2006.中国农村税费改革政策评价研究:以江苏为例[D].南京:南京农业
　　大学.

张丽丽,2009.分税制下的财政转移支付制度[D].天津:天津财经大学.

张万利,2013.论分税制改革[D].西安:西北大学.

张晓琼,2011.社会调查研究方法教程[M].济南:山东人民出版社:157-166.

张新辉,2008.广东省中心镇强镇扩权改革研究:以白土镇为例[D].广州:暨南
　　大学.

张雅帅,2009.中国小城镇发展的政策研究[D].大连:大连海事大学.

张占斌,2009."省直管县"蕴涵着重大的政策信息和改革导向[EB/OL].(2009-
　　04-13)[2015-03-20]. http://theory. people. com. cn/GB/49150/49152/
　　9119049. html.

赵芳芳,2011. 我国城市土地储备制度研究[D]. 烟台:烟台大学.

赵玉宝,张继辉,袁晓东,2002. 我国税收征管模式的完善及其探索[EB/OL]. (2002-08-08)[2012-08-20]. http://www. law-lib. com/lw/lw_view. asp? no=1116.

浙江省发改委城乡体改处,2012. 2011 年全省小城市培育试点成效显著[EB/OL]. (2012-04-01)[2014-02-20]. http://www. zjdpc. gov. cn/art/2012/4/1/art_112_51999. html.

浙江省发改委城乡体改处,2013. 我省小城市培育试点镇发展势头强劲[EB/OL]. (2013-08-20)[2014-02-20]. http://www. zjdpc. gov. cn/art/2013/8/20/art_112_569608. html.

钟晓敏,叶宁,2010. 中国地方财政体制改革研究[M]. 北京:中国财政经济出版社:40-53.

周仁标,2011. 省管县改革的动因、困境与体制创新研究[D]. 武汉:华中师范大学.

朱群英,2007."省管县"体制改革的新探索:以浙江省为分析个案[D]. 杭州:浙江大学.

朱珊,2005. 浙江省小城镇发展差异研究[D]. 杭州:浙江大学.

朱忠明,2004. 我国乡镇财政赤字与债务问题研究[D]. 杭州:浙江大学.

诸大建,刘淑妍,朱德米,等,2007. 政策分析新模式[M]. 上海:同济大学出版社:158-164.

住房和城乡建设部课题组,2013."十二五"中国城镇化发展战略研究报告[M]. 北京:中国建筑工业出版社:36-37.

庄财康,2010. 强镇扩权的城市化升级之路[J]. 中国经贸(12):68.

邹兵,2003. 小城镇的制度变迁与政策分析[M]. 北京:中国建筑工业出版社:28-29.

Anon,2005. Still a bureaucracy:normal paperwork continues its flow at Vatican[EB/OL]. (2005-10-05)[2014-03-20].

Burawoy M,1998. The extended case method[J]. Sociological Theory,16(1):4-33.

Cai H,Treisman D,2006. Did Government decentralization cause China's economic miracle? [J]. World Politics,58(4):505-535.

Cai H,Treisman D,2009. Political decentralization and policy experimentation [J]. Quarterly Journal of Political Science,4(WP13_2007_05):35-58.

Channa A,Faguet J P,2016. Decentralization of health and education in developing countries:a quality-adjusted review of the empirical literature [C]//STICERD-Economic Organisation and Public Policy Discussion

Papers Series.

Chung Y H, 2008. A comparative study of educational decentralization in China and Korea, 1985-1995: motives, actions, and results[D]. Amherst: University of Massachusetts Amherst.

Du J, Xu C, 2009. Which firms went public in China? a study of financial market regulation[J]. World Development, 37(4): 812-824.

Dwyer D, 2009. Victims of "health insurance bureaucracy" speak out[EB/OL]. (2009-09-16)[2014-03-20]. https://abcnews. go. com/Politics/ health-insurance-denials-delays-target-lawmakers/story? id=8590781.

Fan C S, Lin C, Treisman D, 2009. Political decentralization and corruption: evidence from around the world[J]. Journal of Public Economics, 93(1-2): 14-34.

Ghuman B S, Singh R, 2013. Decentralization and delivery of public services in Asia[J]. Policy & Society, 32(1): 7-21.

Grindle M S, 2009. Going local: decentralization, democratization, and the promise of good governance[M]. Princeton: Princeton University Press.

Hayek F A, 1945. The use of knowledge in society[J]. American Economic Review, 35(4): 519-530.

Howard P K, 2012. To fix America's education bureaucracy, we need to destroy it[EB/OL]. (2012-04-02)[2014-03-20]. https://www. theatlantic. com/national/archive/2012/04/to-fix-americas-education-bureaucracy-we-need-to-destroy-it/255173/.

Huang Y, 1996. Central-local relations in china during the reform era: the economic and institutional dimensions[J]. World Development, 24(4): 655-672.

Innocentsa E E, 2011. Fiscal decentralisation: a local solution to recovery from global recession[J]. Procedia - Social and Behavioral Sciences, 24(24): 138-146.

Insa-Ciriza R, 2012. Two ways of new towns development: a tale of two cities, urban development[EB/OL]. (2012-07-08)[2014-02-20]. http:// www. intechopen. com/books/urban-development/two-ways-of-new-towns-development-a-tale-of-twocities.

Jin H, Qian Y, Weingast B R, 2005. Regional decentralization and fiscal incentives: federalism, Chinese style[J]. Journal of Public Economics,

89(9-10):1719-1742.

Jin J, Zou H F, 2005. Fiscal decentralization, revenue and expenditure assignments, and growth in China[J]. CEMA Working Papers,16(6): 1047-1064.

Jin Y H, 2009. Comparative study of fiscal decentralization in China and India [D]. Atlanta: Georgia State University.

Kersten D,2002. How to bend the rules of corporate bureaucracy[EB/OL]. (2002-11-08)[2014-03-20]. https://usatoday30. usatoday. com/money/ jobcenter/workplace/rules/2002-11-08-corporate-bureaucracy_x. htm.

Lessmann C, Markwardt G, 2010. One size fits all? decentralization, corruption, and the monitoring of bureaucrats[J]. World Development, 38(4):631-646.

Litvack J,1997. What is decentralization? [EB/OL]. (1997-02-23)[2013-08-20]. http://www. ciesin. org/decentralization/English/General/Different _ forms. html.

MacKinnon D, Phelps N A, 2001. Devolution and the territorial politics of foreign direct investment[J]. Political Geography,20(3):353-379.

Malesky E J, Nguyen C V, Tran A, 2013. The economic impact of recentralization: a quasi-experiment on abolishing elected councils in Vietnam[EB/OL]. (2013-01-15)[2015-04-20]. http://www. papi. vn/ sites/default/files/docs/MaleskyTranCuong_DPC_10_1_2012_em. pdf.

Martin D,2010. Gates criticizes bloated military bureaucracy[EB/OL]. (2010-05-09)[2014-03-20]. https://www. cbsnews. com/news/gates-criticizes-bloated-military-bureaucracy/.

Martinez-Vazquez J, McNab R M, 2002. Cross country evidence on the relationship between fiscal decentralization, inflation and growth[C]// International Studies Program Working Paper.

Martinez-Vazquez J, Mcnab R M, 1997. Fiscal decentralization, economic growth, and democratic governance[C]//International Center for Public Policy Working Paper.

Neyapti B, 2003. Fiscal decentralization and deficits: international evidence [J]. Working Papers,26(2):155-166.

O'Brien P, Pike A, Tomaney J, 2004. Devolution, the governance of regional development and the Trade Union Congress in the north east region of

England[J]. Geoforum,35(1):59-68.

Pearce G, Ayres S, Tricker M, 2005. Decentralisation and devolution to the English regions: assessing the implications for rural policy and delivery [J]. Journal of Rural Studies,21(2):197-212.

Qibthiyyah R M, Wallace D S, Bahl D R W, et al, 2008. Essays on political and fiscal decentralization[J]. Folia Linguistica,42(1-2):39-82.

Ramesh M, 2013. Decentralization in Asia: survey[J]. Policy & Society, 32(1):1-5.

Rosenthal S S, Strange W C, 2007. Fiscal decentralization and economic growth reconsidered[J]. Journal of Urban Economics,61(1):64-70.

Rubinchik-Pessach A, 2005. Can decentralization be beneficial? [J]. Journal of Public Economics,89(7):1231-1249.

Stansel D, 2005. Local decentralization and economic growth: a cross-sectional examination of US metropolitan areas[J]. Journal of Urban Economics,57(1):55-72.

Stigler G J,1957. The tenable range of functions of local government[C]// Washington:Joint Economic Committee.

Strumpf K S, 2002. Does government decentralization increase policy innovation? [J]. Journal of Public Economic Theory,4(2):207-241.

Tannenwald R,2001. Devolution in the United States: theory and practice [EB/OL]. (2001-10-23) [2014-02-20]. http://www. bancaditalia. it/ studiricerche/convegni/atti/fisc_rules/session4/737-768_tannenwald. pdf.

Thornton J,2007. Fiscal decentralization and economic growth reconsidered [J]. Journal of Urban Economics(61):64-70.

Thun E, 2004. Keeping up with the Jones': decentralization, policy imitation, and industrial development in China[J]. World Development,32(8): 1289-1308.

Tsukamoto T, 2011. Devolution, new regionalism and economic revitalization in Japan: emerging urban political economy and politics of scale in Osaka-Kansai[J]. Cities,28(4):281-289.

Uchimura H, 2009. Fiscal decentralization, Chinese style: good for health outcomes? [J]. World Development,37(12):1926-1934.

Wang X C,2010. The effects of fiscal reforms on economic growth in Chinese provinces: 1985-2007[D]. Reno:University of Nevada, Reno.

Wood A，Valler D，Phelps N，et al，2005. Devolution and the political representation of business interests in the UK[J]. Political Geography,24 (3):293-315.

Zhang T，2000. Land market forces and government's role in sprawl : the case of China[J]. Cities,17(2):123-135.

Zhang T，Zou H F，1998. Fiscal decentralization，public spending，and economic growth in China[J]. Journal of Public Economics，67（2）: 221-240.

Zhang X B，2006. Fiscal decentralization and political centralization in China: implications for growth and inequality[J]. Journal of Comparative Economics,34(4):713-726.

附　录

附录1　我国小城镇体制机制改革大事记

1979 年 9 月 28 日,中共十一届四中全会通过《中共中央关于加快农业发展若干问题的决定》

1993 年 10 月 14 日,建设部在苏州召开全国村镇建设工作会议

1994 年 9 月 8 日,建设部、国家计委、国家体改委、国家科委、农业部、民政部发布《关于印发〈关于加强小城镇建设的若干意见〉的通知》(建村〔1994〕564 号)

1994 年 12 月 31 日,建设部颁布《关于列为建设部乡村城市化试点县(市)及小城镇试点镇的批复》(建村〔1994〕805 号)

1995 年 3 月 29 日,建设部颁布《关于列为建设部小城镇建设试点镇(第二批)的批复》(建村〔1995〕168 号)

1995 年 4 月 11 日,国家体改委、建设部、公安部、国家计委、国家科委、中编办、财政部、农业部、民政部、国家土地管理局和国家统计局《关于印发〈小城镇综合改革试点指导意见〉的通知》(体改农〔1995〕49 号)

1995 年 6 月 11 日,印发《全国小城镇综合改革试点名单》(体改函农〔1995〕64 号)

1998 年 10 月 14 日,中共十五届三中全会通过了《中共中央关于农业和农村工作若干重大问题的决定》

2000 年 6 月 13 日,《中共中央国务院关于促进小城镇健康发展的若干意见》(中发〔2000〕11 号)出台

2004 年 8 月 25 日,《国家发展改革委办公厅关于开展全国小城镇发展改革试点工作的通知》(发改办规划〔2004〕1452 号)发布

2005 年 3 月 9 日,《国家发展改革委办公厅关于公布第一批全国发展改革试点小城镇的通知》(发改办规划〔2005〕36 号)发布

2008 年 3 月 25 日,《国家发展改革委办公厅关于公布第二批全国发展改革试点小城镇的通知》(发改办规划〔2008〕706 号)发布

2011 年 9 月 9 日,《国家发展改革委办公厅关于开展第三批全国城镇发展改革试点工作的通知》(发改办规划〔2011〕2085 号)发布

2012 年 3 月 8 日,《国家发展改革委办公厅关于公布第三批全国发展改革试点城镇名单的通知》(发改办规划〔2012〕507 号)发布

附录 2 浙江省小城镇体制机制改革大事记

2000 年 9 月 1 日,颁布《浙江省人民政府关于加快推进浙江城市化若干政策的通知》(浙政〔2000〕7 号)

2000 年 8 月 29 日,颁布《浙江省人民政府关于公布浙江省中心镇名单的通知》(浙政发〔2000〕198 号)

2007 年 4 月 3 日,颁布《浙江省人民政府关于加快推进中心镇培育工程的若干意见》(浙政发〔2007〕13 号)

2007 年 10 月 31 日,省发改委,省农办,省建设厅联合出台《关于印发浙江省中心镇发展规划(2006－2020 年)通知》(浙发改规划〔2007〕767 号)

2010 年 10 月 11 日,出台《中共浙江省委办公厅 浙江省人民政府办公厅关于进一步加快中心镇发展和改革的若干意见》(浙委办〔2010〕115 号)

2010 年 12 月 14 日,省发改委、省编委办、省法制办联合出台了《浙江省强镇扩权改革指导意见》(浙发改城体〔2010〕1178 号)

2010 年 12 月 21 日,颁布《浙江省人民政府办公厅关于开展小城市培育试点的通知》(浙政办发〔2010〕162 号)

2010 年 12 月 20 日,省财政厅和省发改委联合出台《关于省小城市培育试点专项资金管理若干问题的通知》(浙财建〔2010〕353 号)

附录3 2013年Y镇行政审批服务中心办件统计表

(单位:件)

序号	窗口	服务事项	事项类型			受理数	办结数	备注
			行政许可	非行政许可	服务类			
1	发改经信商务	内资企业投资项目核准						
2		外商投资项目核准						
3		基本建设工程初步设计审查						
4		企业投资项目备案			2	2	2	
5		政府投资项目审批						
6		固定资产投资合理用能审查						
7		*散装水泥专项资金征收						
8		外商投资项目审批						
9		企业技术改造投资项目核准	7			7	7	
10		固定资产投资项目节能评估审查						
11		企业投资项目、技术改造项目备案			30	30	30	
12		*新型墙体材料专项基金征收						
13		外商投资企业设立、变更审批						
14		加工贸易合同审批						
15		加工贸易企业生产能力证明						
16		家电下乡备案						
17	国税地税	对发票使用和管理的审批						
18		对发票领购资格的审核						
19		税务登记、变更(国)						
20		税务登记、变更(地)			2	2	2	
21	国土	土地登记			251	251	251	
22		临时用地审核						
23		农村村民住宅用地审核						
24		乡(镇)村公共设施、公益事业建设用地审核						
25		土地开垦审批						
26		具体建设项目国有土地使用权审核	6			6	6	
27		建设项目用地预审						
28		单独选址项目建设用地审核						

续表

序号	窗口	服务事项	事项类型			受理数	办结数	备注
			行政许可	非行政许可	服务类			
29		城市规划区建设项目选址审批						
30		建设用地规划许可证审批（出让土地）						
31		建设用地规划许可证审批（划拨土地）						
32		建设工程规划许可证审批						
33		城市规划区内临时建设用地规划许可证						
34		城市规划区内临时建设工程规划许可证						
35		改变土地和建筑物用途审批						
36		乡村建设规划许可证（乡镇企业、乡村公共设施、公益事业建设－第一阶段）						
37		乡村建设规划许可证（乡镇企业、乡村公共设施、公益事业建设－第二阶段）						
38		建设工程竣工规划核实						
39		乡村建设规划许可证（农村村民住宅建设）						
40	住建交通	建筑工程施工许可（市政）						
41		城市桥梁上架设各类市政管线审批						
42		城市排水许可证核发						
43		城市大型户外广告及建筑物、设施上张贴宣传品等审批△	28			28	28	
44		因工程施工、设备维修等原因确需停止供水的审批						
45		因工程建设需要改装、拆除或迁移城市公共供水设施的审批						
46		挖掘城市道路审批△	3			3	3	
47		临时占用城市道路审批△	66			66	66	
48		依附于城市道路建设各种管线、杆线等设施审批						
49		特殊车辆在城市道路上行驶审批						
50		临时占用城市绿地核准△						
51		修剪、砍伐城市树木审批△						
52		公共绿地内开设商业、服务摊点审批						
53		城市的公共绿地、居住区绿地、风景林地和干道绿化带等绿化工程的设计方案审批						
54		改变绿化规划、绿化用地的使用性质审批						

续表

序号	窗口	服务事项	事项类型			受理数	办结数	备注
			行政许可	非行政许可	服务类			
55	住建交通	关闭、闲置或拆除存放生活垃圾的设施核准						
56		城市建筑垃圾处置核准△	1			1	1	
57		从事城市生活垃圾经营性清扫、收集、运输、处理服务审批						
58		城市市区内饲养家畜家禽的审批						
59		临时堆放物料、搭建非永久性建筑物、构筑物或其他设施的审批						
60		环境卫生设施拆迁方案审批						
61		建筑工程施工许可(土建)						
62		房屋建筑(市政)工程验收备案						
63		建设单位采用协议方式选聘物业管理企业审批						
64		划拨土地使用权和地上建筑物、其他附着物转让、出租、抵押审批						
65		公路用地范围内设置非公路标志许可						
66		建筑控制区内埋设管线等设施许可						
67		跨越、穿越公路作业许可						
68		增设公路平面交叉道口许可	1			1	1	
69		公路用地范围内架设、埋设管线等设施许可						
70	环保	建设项目环境影响评价文件审批	30			30	30	
71		环境影响评价文件重新审批(建设项目发生重大变化,建设项目环境影响评价文件批准后超过 5 年的重新审核)						
72		建筑施工夜间作业许可证核发						
73		排污许可证核发	4			4	4	
74		机动车环保检验合格标志核发			368			
75	工商	公司登记(设立、变更、注销)	233			233	233	
76		分公司登记(设立、变更、注销)	21			21	21	
77		合伙企业及其分支机构登记(设立、变更、注销)	10			10	10	
78		个人独资企业及其分支机构登记(设立、变更、注销)	77			77	77	

序号	窗口	服务事项	事项类型			受理数	办结数	备注
			行政许可	非行政许可	服务类			
79	工商	农民专业合作社及其分支机构登记（设立、变更、注销）	9			9	9	
80		企业名称登记	109			109	109	
81		食品流通许可证登记	165			165	165	
82		个体工商户登记(开业、变更、注销)	295			295	295	
83		企业动产抵押登记			153	153	153	
84		户外广告登记	2			2	2	
85		格式合同备案	1			1	1	
86		集体企业登记		11		11	11	
87	公安	印鉴信息管理		111		111	111	
88		易制毒化学品购买运输备案						
89	气象	防雷装置设计审核和竣工验收	33			33	33	
90		建设单位办理防雷工程委托			18	18	18	
91	安监人防质监	危险化学品安全生产许可证(颁发)						
92		危险化学品使用备案						
93		生产、储存危险物品的建设项目的安全设施设计的审批						
94		建设项目安全设施"三同时"设计审查						
95		人防工程异地建设审批		13				
96		组织机构代码证核发		681				
97	文广计生卫生	举办营业性演出的审批						
98		音像制品零售、出租单位设立和变更的审批	1			1	1	
99		娱乐场所设立和变更的审批						
100		设立出版物零售单位及其变更或者其他单位、个人申请从事出版物零售业务的审批	2			2	2	
101		营业演出场所经营单位备案						
102		个体演员备案						
103		再生育审批	67			67	67	
104		复通手术审批						
105		一孩生育证明审批		67		67	67	
106		餐饮服务许可证核发	52			52	52	
107		公共场所卫生许可证核发	23			23	23	
108		公共场所卫生许可证复核						
109		健康证的发放						

续表

序号	窗口	服务事项	事项类型			受理数	办结数	备注
			行政许可	非行政许可	服务类			
110	农经水利	食用菌菌种生产经营许可						
111		动物及动物产品检疫证明的核发						
112		省外调入动物及动物产品备案						
113		农田作业拖拉机号牌、行驶证核发						
114		农田作业拖拉机驾驶证核发						
115		联合收割机号牌、行驶证核发		2		2	2	
116		联合收割机跨区作业证核发		10		10	10	
117		县级(重点)农业龙头企业认定						
118		无公害水产品产地认可			3	3	3	
119		水产养殖证核发						
120		开发建设项目水土保持方案审批						
121		涉河涉堤建设项目审批(含占用水域审批)						
122	劳动社保	就业失业援助证核发		336		336	336	
123		劳动用工备案						
124		未成年工用工登记						
125		劳动保障书面审查		568		568	568	
126		职业技能培训项目审批						
127		社会保险登记		20859		20859	20859	
128	民政残联	城乡最低生活保障家庭认定		13		13	13	
129		低保边缘家庭认定		8		8	8	
130		困难群众临时救助审批		130		130	130	
131		地名命名与更名审批		3		3	3	
132		地名标志设置(路名牌、门牌)审批		26		26	26	
133	总计		1246	22838	827	23849	23849	

注:2012 年 9 月,J 县人民政府办公室印发《关于完善 Y 镇行政服务中心建设意见的通知》,总共下放审批事项 129 项,后 Y 镇工商分局又增加了 3 项。住建交通下放审批事项中黑体的为适用于行政审批联动机制的 20 项事项,这其中在事项内容后标记"△"的为先期开展的 6 项。

附录 4　访谈对象

序号	访谈时间	访谈对象
1	2011 年 4 月	D 县 X 镇 D 镇长
2	2011 年 4 月	F 市 X 镇 S 镇长
3	2011 年 4 月	S 县 Q 镇城建办 R 主任
4	2011 年 5 月	Z 大学 C 教授
5	2011 年 10 月	S 县发改委 K 科长
6	2011 年 10 月	Q 镇 M 镇长
7	2011 年 11 月	Z 大学 H 教授
8	2011 年 12 月	J 市体改处 W 科长
9	2011 年 12 月	C 市人大 C 科长
10	2011 年 12 月	S 县 P 镇县规划分局 D 局长
11	2012 年 3 月	原 Q 镇 W 书记
12	2012 年 3 月	原 Q 镇城建办 S 主任
13	2012 年 3 月	原 Q 镇组织委 Y 主任
14	2012 年 4 月	T 县 B 镇镇长
15	2012 年 4 月	T 县规划局长
16	2012 年 4 月	T 县发改局局长
17	2012 年 9 月	Y 企业 F 行政助理
18	2012 年 9 月	Y 镇招商部 Q 主任
19	2012 年 9 月	G 镇 M 副镇长（原 Y 镇村镇站站长）
20	2012 年 10 月	J 县国土资源局土地利用科 C 科长
21	2012 年 10 月	J 县行政审批服务中心 Y 副主任
22	2012 年 10 月	T 镇村建站 X 站长
23	2012 年 11 月	Y 镇一餐馆 L 先生 W 女士
24	2012 年 11 月	J 县发改局 Y 科长
25	2013 年 1 月	J 县法制办 W 科长
26	2013 年 1 月	Y 镇本地人 S 女士
27	2013 年 2 月	J 县财政局 J 科长
28	2013 年 2 月	Y 镇卫生院 G 院长
29	2013 年 3 月	J 县组织科 W 科长
30	2013 年 3 月	F 大学 Z 老师
31	2013 年 4 月	Y 镇财政局 W 局长
32	2013 年 4 月	Y 镇审批中心 Z 主任

续表

序号	访谈时间	访谈对象
33	2013 年 4 月	Y 镇邮政所 F 所长
34	2013 年 4 月	X 镇城建办 S 主任
35	2013 年 4 月	X 镇财政所 Z 所长
36	2013 年 4 月	Y 镇 J 镇长
37	2013 年 4 月	Y 镇 Z 书记
38	2013 年 4 月	Y 镇村建站 G 站长、Z 主任、C 城建镇长
39	2013 年 4 月	J 市委组织部干部管理科 D 主任
40	2013 年 4 月	Y 镇 Y 村 L 主任、Z 村 C 书记、Y 镇人大 W 副主席
41	2013 年 5 月	省建设厅城市化发展研究中心区域发展处 W 主任
42	2013 年 8 月	D 县政协 Z 主任
43	2013 年 8 月	X 镇 Y 书记
44	2013 年 8 月	D 县 X 镇审批中心 W 主任(副镇长兼)
45	2013 年 9 月	浙江 W 化工有限公司(拟在 X 镇投资)办公部 W 经理
46	2013 年 12 月	J 县建设局法制科 Z 科长
47	2013 年 12 月	Y 镇执法中队 F 队长助理
48	2013 年 12 月	J 县审批中心副主任 Y 镇人大 J 主席
49	2013 年 12 月	J 县法制办 W 科长
50	2014 年 4 月	S 镇 C 副镇长
51	2014 年 4 月	S 区发改局 H 局长
52	2014 年 4 月	Y 镇招商办 X 办事员
53	2014 年 12 月	L 镇 J 镇委委员
54	2014 年 12 月	浙江省发展和改革研究所所长 Z 研究员
55	2015 年 6 月	Y 镇国土所 Z 所长
56	2015 年 7 月	Y 镇组织人事员小 C

索　引